中华精神家园

杰出人物

文坛泰斗

文学大家与传世经典

肖东发 主编　任芳芳 编著

中国出版集团

现代出版社

图书在版编目（CIP）数据

文坛泰斗 / 任芳芳编著. — 北京：现代出版社，
2014.11（2020.01重印）
　（中华精神家园丛书）
　ISBN 978-7-5143-3090-8

　Ⅰ．①文… Ⅱ．①任… Ⅲ．①思想家－生平事迹－中
国－古代②哲学－中国－古代 Ⅳ．①B2

　中国版本图书馆CIP数据核字(2014)第259356号

文坛泰斗：文学大家与传世经典

总 策 划：陈　恕
主　　编：肖东发
作　　者：任芳芳
责任编辑：王敬一
出版发行：现代出版社
通信地址：北京市定安门外安华里504号
邮政编码：100011
电　　话：010-64267325　64245264（传真）
网　　址：www.1980xd.com
电子邮箱：xiandai@cnpitc.com.cn
印　　刷：山东省东营市新华印刷厂
开　　本：710mm×1000mm　1/16
印　　张：11
版　　次：2015年4月第1版　2020年1月第3次印刷
书　　号：ISBN 978-7-5143-3090-8
定　　价：40.00元

党的十八大报告指出："文化是民族的血脉，是人民的精神家园。全面建成小康社会，实现中华民族伟大复兴，必须推动社会主义文化大发展大繁荣，兴起社会主义文化建设新高潮，提高国家文化软实力，发挥文化引领风尚、教育人民、服务社会、推动发展的作用。"

我国经过改革开放的历程，推进了民族振兴、国家富强、人民幸福的中国梦，推进了伟大复兴的历史进程。文化是立国之根，实现中国梦也是我国文化实现伟大复兴的过程，并最终体现为文化的发展繁荣。习近平指出，博大精深的中国优秀传统文化是我们在世界文化激荡中站稳脚跟的根基。中华文化源远流长，积淀着中华民族最深层的精神追求，代表着中华民族独特的精神标识，为中华民族生生不息、发展壮大提供了丰厚滋养。我们要认识中华文化的独特创造、价值理念、鲜明特色，增强文化自信和价值自信。

如今，我们正处在改革开放攻坚和经济发展的转型时期，面对世界各国形形色色的文化现象，面对各种眼花缭乱的现代传媒，我们要坚持文化自信，古为今用、洋为中用、推陈出新，有鉴别地加以对待，有扬弃地予以继承，传承和升华中华优秀传统文化，发展中国特色社会主义文化，增强国家文化软实力。

浩浩历史长河，熊熊文明薪火，中华文化源远流长，滚滚黄河、滔滔长江，是最直接的源头，这两大文化浪涛经过千百年冲刷洗礼和不断交流、融合以及沉淀，最终形成了求同存异、兼收并蓄的辉煌灿烂的中华文明，也是世界上唯一绵延不绝而从没中断的古老文化，并始终充满了生机与活力。

中华文化曾是东方文化摇篮，也是推动世界文明不断前行的动力之一。早在500年前，中华文化的四大发明催生了欧洲文艺复兴运动和地理大发现。中国四大发明先后传到西方，对于促进西方工业社会的形成和发展，曾起到了重要作用。

中华文化的力量，已经深深熔铸到我们的生命力、创造力和凝聚力中，是我们民族的基因。中华民族的精神，也已深深植根于绵延数千年的优秀文化传统之中，是我们的精神家园。

总之，中华文化博大精深，是中国各族人民五千年来创造、传承下来的物质文明和精神文明的总和，其内容包罗万象，浩若星汉，具有很强的文化纵深，蕴含丰富宝藏。我们要实现中华文化伟大复兴，首先要站在传统文化前沿，薪火相传，一脉相承，弘扬和发展五千年来优秀的、光明的、先进的、科学的、文明的和自豪的文化现象，融合古今中外一切文化精华，构建具有中国特色的现代民族文化，向世界和未来展示中华民族的文化力量、文化价值、文化形态与文化风采。

为此，在有关专家指导下，我们收集整理了大量古今资料和最新研究成果，特别编撰了本套大型书系。主要包括独具特色的语言文字、浩如烟海的文化典籍、名扬世界的科技工艺、异彩纷呈的文学艺术、充满智慧的中国哲学、完备而深刻的伦理道德、古风古韵的建筑遗存、深具内涵的自然名胜、悠久传承的历史文明，还有各具特色又相互交融的地域文化和民族文化等，充分显示了中华民族的厚重文化底蕴和强大民族凝聚力，具有极强的系统性、广博性和规模性。

本套书系的特点是全景展现，纵横捭阖，内容采取讲故事的方式进行叙述，语言通俗，明白晓畅，图文并茂，形象直观，古风古韵，格调高雅，具有很强的可读性、欣赏性、知识性和延伸性，能够让广大读者全面接触和感受中国文化的丰富内涵，增强中华儿女民族自尊心和文化自豪感，并能很好继承和弘扬中国文化，创造未来中国特色的先进民族文化。

2014年4月18日

上古时期——文坛鼻祖

中古时期——华章妙手

春秋战国是我国历史上的上古时期。这个时代在我国文学史上是一个比较活跃的时代，在这个"百家争鸣"的文化浪潮中，文学成就斐然。

左丘明发微探幽，记载史实；列子每篇文字，不论长短，都自成系统。这两位大家卓立千古，很好地运用春秋笔法，充分体现了隐晦曲折而蕴含褒贬的特色。

文坛鼻祖

子夏以传播儒家经典闻名

子夏（前507年—前420年），姓卜名商，字子夏，春秋时期的晋国温邑人。后人多称其字，是孔子的学生，"孔门十哲"之一。他在"七十二贤"中名列第四位，是继孔子之后的第二代儒学宗师，很有影响性。

子夏十分擅长文学，对诗有深入的研究，能通其义理，著有诗序。他开创的"西河学派"培育出大批经国治世的良材，并成为前期法家成长的摇篮。许多后来儒学的经典都被说成是由他流传下来的。

■ 孔子著名弟子子夏画像

■ 孔子（前551年—前479年），名丘，字仲尼，东周时期鲁国陬邑人。春秋末期的思想家和教育家、政治家，儒家思想的创始人。孔子集华夏上古文化之大成，在世时已被誉为"天纵之圣""天之木铎"，是当时社会上的最博学者之一，被后世统治者尊为孔圣人、至圣、至圣先师、万世师表，是"世界十大文化名人"之首。

子夏出生在一个十分贫穷的家里，公元前483年，他来到鲁国拜圣人孔子为师，并跟着孔子周游列国。

在此期间，子夏因常常具有独到见解而得到孔子的赞许，如其问《诗经》中"巧笑倩兮，美目盼兮，素以为绚兮"一句，孔子答以"绘事后素"，他立即得出"礼后乎"的结论。

孔子赞曰："起予者，商也！始可以言《诗》已矣。"但孔子认为子夏在遵循仁和礼的方面有所"不及"，曾告诫子夏曰："女为君子儒，无为小人儒。"据说，子夏才气过人，在儒家的经典著作之一《论语》中保留了他的许多著名的格言，如：

仕而优则学，学而优则仕；博学而笃志，切问而近思，仁在其中矣；百工居其肆以成其言，君子学以致其道；日知其所亡，月无忘其所能，可谓好学也已矣；虽小道，必有可观者焉，致远恐泥，是以君子不为也！君子有三变：望之俨然，即之也温，听其言也厉。君子信而后劳其民；未信，则

鲁国 是我国周朝时期的同姓诸侯国之一。姬姓，侯爵。武王伐纣，歧周代商。武王发封其弟周公旦于少昊之虚曲阜，是为鲁公。鲁公之"公"并非爵位，而是诸侯在封国内的通称。鲁公即鲁侯。先后传25世，经36位国君，历八百余年。

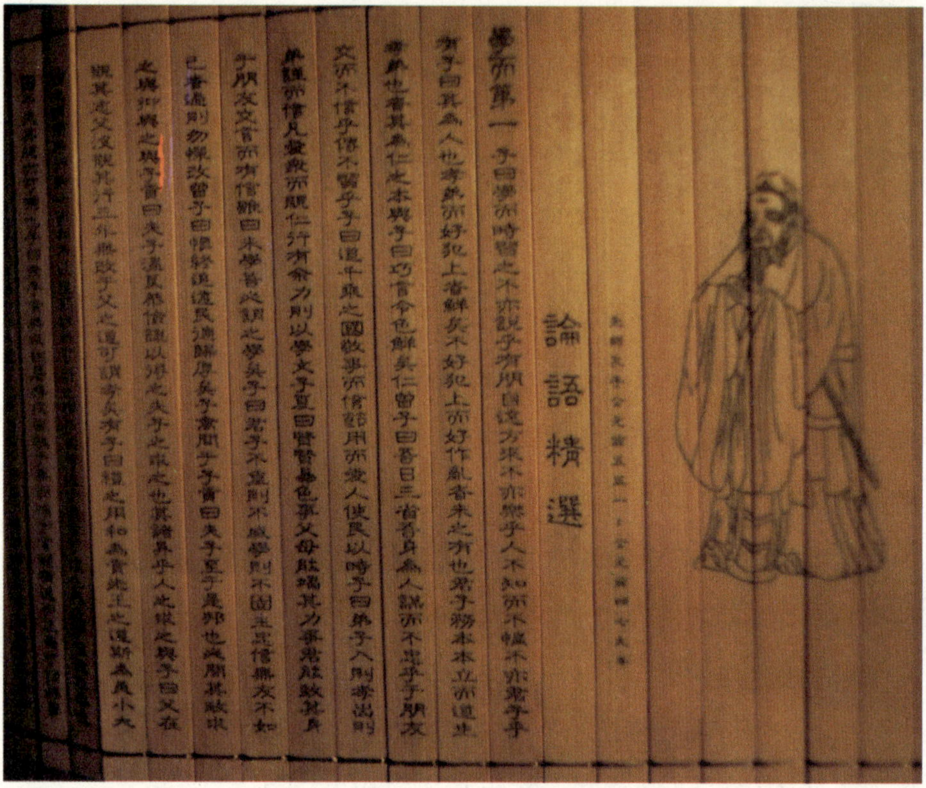

文坛泰斗

文学大家与传世经典

■ 《论语》竹简

以为厉己也。信而后谏；未信，则以为谤
己也。

儒学 又称儒家学说，或称儒教，是我国古代最有影响的学派。它是中华法系的法理基础，对我国以及东方文明发生过重大影响并持续至今的意识形态，儒家思想是东亚地区的基本文化信仰。现在日本流传下来的"冠婚丧祭"时的司仪，就起源于儒家文化。

在孔门弟子中，子夏是为数不多的几个对"六经"皆有修养的弟子之一。为创立和光大儒学做出了不朽的业绩。儒学的创立，不得不归功于孔子。然孔门弟子在儒学发展史上其实扮演了两个角色。这两个角色的划分可以以孔子的去世为界。

在孔子去世之前，可以把他们看成是同孔子一起创立儒学的开创者；孔子去世后，他们便成为儒学的传承者与发展者。

当时，子夏是最有资格统领孔门弟子的。然而因子夏性格所致，使其与其他弟子不能友好相处。他在孔子去世之后策划推举有若而未果，只好离开孔门，前往他国聚徒讲学。

子夏继承了孔子的儒家思想，主张国君要学习《春秋》汲取历史教训，防止臣下篡夺，宣场"生死由命，富贵在天"，提出"学而优则仕，仕而优则学"和"大德不逾闲，小德出入可也"等观点。

他认为择妻应重德不重色，事亲应竭尽全力，事君要不惜身，交友要言而有信。只要能做到这几点，便符合仁的规范了。同时，子夏还有一定的民主平均思想。他在《论语·颜渊》中说："四海之内皆兄弟也。"他在答魏文侯问乐中说："修身齐家平天下，此古乐之发也。"

子夏的著述甚丰。东汉经学家郑玄说，《论语》

■ 孔子讲学图

子夏撰；《诗序》和《易传》也出自他的手笔。

子夏编撰的《论语》，成为儒家"四书"之首，又为《诗经》作序，为《易经》作传，为《礼义》作文，完成了"五经"注疏。在其以后收徒授学中，创造了章句教学之法，即在文章中加标点符号，并分章分段分句讲解，为儒学的兴起奠定了坚实基础。此外，他还著有《卜子书》《子夏易传》《圣门十六书》《周易卜商传》等。

文坛泰斗

文学大家与传世经典

■ 郑玄（127年—200年），字康成，高密人，为汉尚书仆射郑崇八世孙，东汉经学大师、大司农。他遍注儒家经典，以毕生精力整理古代文化遗产，使经学进入一个"小统一时代"。

阅读链接

传说，子夏死在山东，人们把他的灵柩往老家抬。当时因为交通不方便，棺材重，路途远，把大家累得汗流浃背，直喘粗气。

走到董杨门南地的时候，大家停下来歇息，这一歇不要紧，忽然刮起了狂风，直刮得飞沙走石、日月无光。风停以后，大家睁开眼睛一看，棺材不见了。

原来，狂风卷起了一个大土堆，把子夏的棺材埋住了。

人们都说："这是老天爷点的穴。"于是就把子夏埋在了董杨门村的南地。

公羊高用问答体解说史事

公羊高，战国时齐国人。相传是子夏的弟子，也是我国古代的儒家典籍《春秋》三传之一《公羊传》的编撰者。他著的《公羊传》用问答体解说《春秋》所记史事，着重从政治而非历史学的角度，阐述这些记载的是非观，并把它看成孔子政治理想的充分体现，作为指导后世帝王行事的准则，对后代具有深刻的影响。

东汉何休依据胡毋生所作《春秋公羊解诂》，集两汉公羊学之大成，进行了十分深入的阐述。北宋著录有徐彦所作《公羊传疏》。清人陈立著《春秋公羊义疏》，广搜诸家解说，保留了大批珍贵文献。

■ 公羊高画像

■ 汉景帝（前188年—前141年），名刘启，汉文帝刘恒长子。西汉第六位皇帝，在位16年，谥"孝景皇帝"，无庙号。刘启在位期间，削诸侯封地，平定七国之乱，巩固中央集权，勤俭治国，发展生产，他统治时期与其父汉文帝统治时期合称"文景之治"。

公羊高，是《春秋公羊传》作者。这是专门解释我国古代的儒家典籍《春秋》的一部典籍，其起迄年代与《春秋》一致，即公元前722年至前481年，其释史十分简略，而着重阐释《春秋》所谓的"微言大义"，用问答的方式解经。

该书系由孔子弟子子夏传给公羊高，公羊高子孙继续口耳相传，到汉景帝时始由公羊寿与胡毋生(子都)写定。所以对于《公羊传》的作者，史学家班固《汉书·艺文志》笼统地称为"公羊子"，唐初儒家学者颜师古说是公羊高，《四库全书总目》则署作汉公羊寿，说法不一。但比较起来把定稿人题为作者更合理一些。

《公羊传》约4.4万字，其中情节较为完整、算得上历史故事的有30多个。所记事实，有的与《左传》大同小异，有的详略不等，也有的为《左传》所无。它们给读者一个突出印象是语言更加通俗、叙写更为具体。

这是由于《公羊传》形成于战国后期，著之竹帛乃在汉初，一个相当长的时间内，师生授受以口耳相传为主。这样就使之带有口头讲述的特征，甚至夹杂一些民间传说的味道，而不同于《左传》语言之简劲峻洁，书面化，典雅化。

同时，《公羊传》引述历史故事，每一则都是先解经而后述事，和《左传》以记事为主并且往往不加判断的情况有所区别。

《公羊传》主要是宣扬儒家思想中拨乱反正大义灭亲，对乱臣贼子要无情镇压的一面，为强化中央专制集权和大一统服务。《公羊传》尤为今文经学派所推崇，是今文经学的重要典籍，历代今文经学家都常用它作为议论政治的工具。它也是研究战国、秦、汉间儒家思想的重要资料。

作为儒家经典，《公羊传》备受历代统治者的推崇，长期成为封建统治阶级的教科书和科举取士的考试内容。在唐代被定为小经，在宋代被定为中经，并被列入"十三经"中。

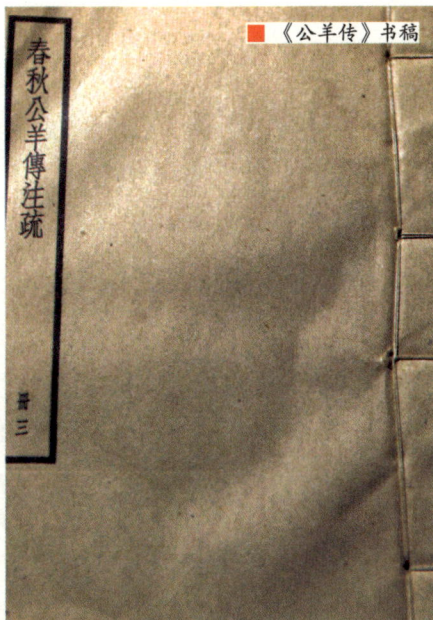

阅读链接

关于《公羊传》的作者到底是谁，有三种说法。

司马迁在《儒林列传》中说："言《春秋》于齐、鲁自胡毋生，于赵自董仲舒，公孙弘治《春秋》不如董仲舒，故汉兴至于五世之间，唯董仲舒名为明于《春秋》，其传《公羊氏》也。胡毋生，齐人也，孝景时为博士，以老归教授，齐之言《春秋》者，多受胡毋生，公孙弘亦颇受焉。"

在这三家中，尽管董仲舒是佼佼者，即他对《公羊》的阐发比胡毋生与公孙弘深刻，但始终只是《公羊学》中的一派，并非是《公羊》学的唯一宗师。特别是，东汉《公羊》学的最大代表何休，在其名著《公羊解诂》中，明确胡毋生是《公羊》宗师，而一个字都未提及董仲舒。

左丘明写历史绘声绘色

左丘明（约前502年—约前422年），姓丘，名明，因其父任左史官，故称左丘明。曾任鲁太史。春秋末期鲁国人。春秋时史学家。

左丘明知识渊博，品德高尚，他双目失明，故后人亦称其为盲左。汉代太史司马迁称其为"鲁君子"。

左丘明是我国传统史学文化的创始人，他著有《左氏春秋》和《国语》两部史学巨著。这两本书记录了很多西周、春秋时期的重要历史故事，保存了具有很高价值的原始资料。

■我国传统史学创始人左丘明塑像

左丘明的记载最早见于《论语·公冶长》。对左丘明姓名有很多观点。一说复姓左丘，名明，一说单姓左，名丘明。还有观点认为他姓丘名明，因其世代为左史，所以人们尊其为左丘明。

左丘明与孔子同时代或在其前，又说他失明或无目，因此许多人认为他是一位瞽蒙。他知识渊博，品德高尚，深得世人尊敬和爱戴，孔子视其为君子，尊称其为左丘明，谓之与其共好恶。据说山东省肥城是左丘明食邑。左丘明死后葬于肥城。

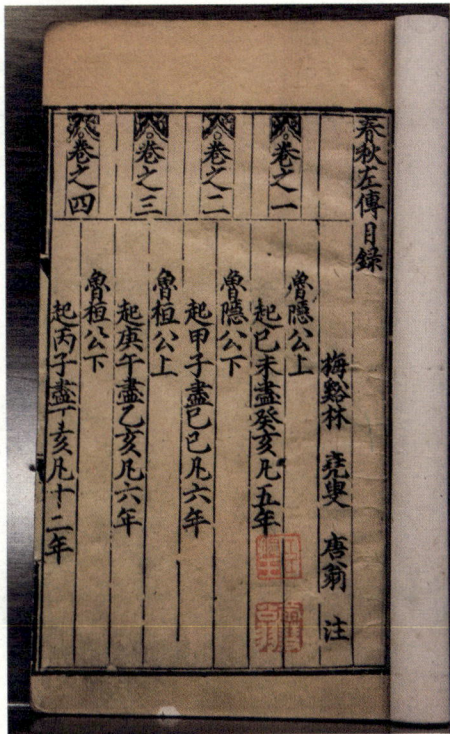

■《春秋左传》

《魏书·地形志》记载：富城有左丘明墓。清雍正三年，为避孔子名讳，奉旨"丘"旁加"阝"改为邱氏，故左丘明之后改丘氏为邱氏，今肥城市石横东衡渔村邱氏皆为左丘明的后人。

左丘明任鲁国左史官，他在任时尽职尽责，德才兼备，为时人所崇拜。他也编修国史，日夜操劳，历时30余年，一部纵贯200余年、18万余字的《春秋左氏传》定稿。其价值不可估量，为历代史学家和文人所推崇。

《左传》原名为《左氏春秋》，汉代改称《春秋左氏传》，简称《左传》。是左丘明为解释孔子的《春秋》而作。

瞽蒙 乐官。古代乐官多为盲人，故称。《周礼·春官·乐师》中说："瞽蒙掌播鼗、柷、敔、埙、箫、管、弦、歌。"瞽蒙也指盲人。宋代王安石在《上执政书》中说："盖闻古者至治之世，自瞽蒙、昏聩、朱儒、蘧蒢、戚施之人，上所以使之，皆各尽其才。"

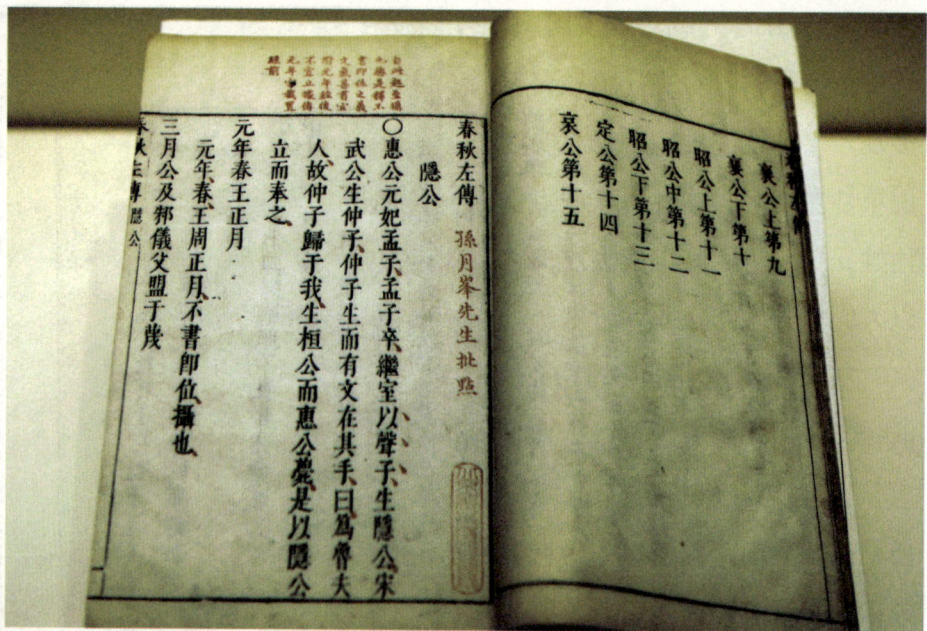

《左传》书稿

文坛泰斗

文学大家与传世经典

编年体 是我国传统史书的一种体裁。是以时间为中心，按年、月、日编排史实，是编写历史最早也是最简便的方法。如《春秋》《资治通鉴》等就是编年体史书。因为编年体是我国最古老的历史体裁，故《隋书·经籍志》称之为"古史"。

以记事为主，兼载言论，叙述详明，文字生动简洁，全面反映了当时的社会历史面貌，既是重要的儒家经典，又是我国第一部完整的编年体史书，在文学上也有很高的成就。

《左传》是记录春秋时期社会状况的重要典籍。取材于王室档案、鲁史策书、诸侯国史等。记事基本以《春秋》所记鲁国十二公为次序，内容包括诸侯国之间的聘问、会盟、征伐、婚丧、篡弑等。

主要记录了周王室的衰微，诸侯争霸的历史，对各类礼仪规范、典章制度、社会风俗、民族关系、道德观念、天文地理、历法时令、古代文献、神话传说、歌谣言语均有记述和评论。

《左传》对后世的影响首先体现在历史学方面。《左传》是我国现存第一部叙事详细的编年体史书，是儒家"十三经"之一，并与《春秋公羊传》《春秋穀梁传》合称"春秋三传"。

　　它不仅发展了《春秋》的编年体，并引录保存了当时流行的一部分应用文，给后世应用写作的发展提供了借鉴。仅据宋人陈骙在《文则》中列举，就有命、誓、盟、祷、谏、让、书、对8种之多，实际还远不止此，后人认为檄文也源于《左传》。

　　《左传》在史学中的地位，被评论为继《尚书》《春秋》之后，开《史记》和《汉书》之先河的重要典籍。

　　《左传》虽是历史著作，但与《尚书》《春秋》有所不同，它"情韵并美，文采照耀"，是先秦时期最具文学色彩的历史散文。

　　它长于记述战争，又善于刻画人物，重视记录辞令。其声律兼有诗歌之美，言辞婉转，情理深入，描写入微，是我国最为优秀的史书之一。

■ 古籍《尚书》

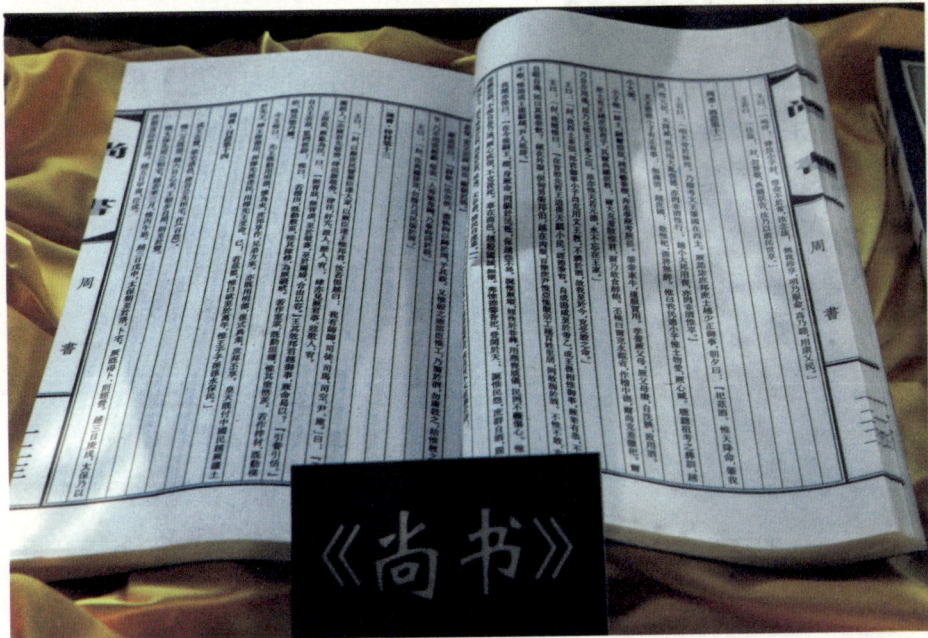

《尚书》

周穆王 姬姓，名满，昭王之子，周王朝第五位帝王。世称"穆天子"。关于他的传说最著名的则是《穆天子传》。穆天子东征西讨，有力地巩固了周王朝的统治。但常年征讨，天子不在朝堂，导致朝政松弛，自穆王之后，周王朝开始由盛而衰。

■ 左丘明塑像

《左传》的情节结构主要是按时间顺序交代事情发生、发展和结果。但倒叙和预叙手法的运用，也是其叙事的重要特色。倒叙就是在叙事过程中回顾事件的起因，或者交代与事件有关的背景等。

如"宣公三年"先记载了郑穆公兰之死，然后回顾了他的出生和命名：其母梦见天使与之兰，怀孕而生穆公，故名之兰。《左传》中还有插叙和补叙，性质作用与倒叙类似。

这些叙述，常用一个"初"字领起。预叙即先叙出将要发生的事，或预见事件的结果。《左传》以第三人称作为叙事角度，作者以旁观者的立场叙述事件，发表评论，视角广阔灵活，几乎不受任何限制。

在个别段落中，作者也从事件中人物角度，来叙述正在发生的事件及场景。

如"成公十六年"写鄢陵之战"楚子登巢车以望晋师"中阵地情况，完全是通过楚子和伯州犁对话展示出来的。

《左传》代表了先秦史学和文学的最高成就，是研究先秦历史和春秋时期历史的重要文献，对后世的史学产生了很大影响，特别是对确立编年体史书的地位起了很大作用。

由于它具有强烈的儒家思想倾向，强调等级秩序与宗法伦理，重视长幼尊卑之别，同时也表现出"民本"思想，因此也是研究先秦儒家思想的重要历史资料。

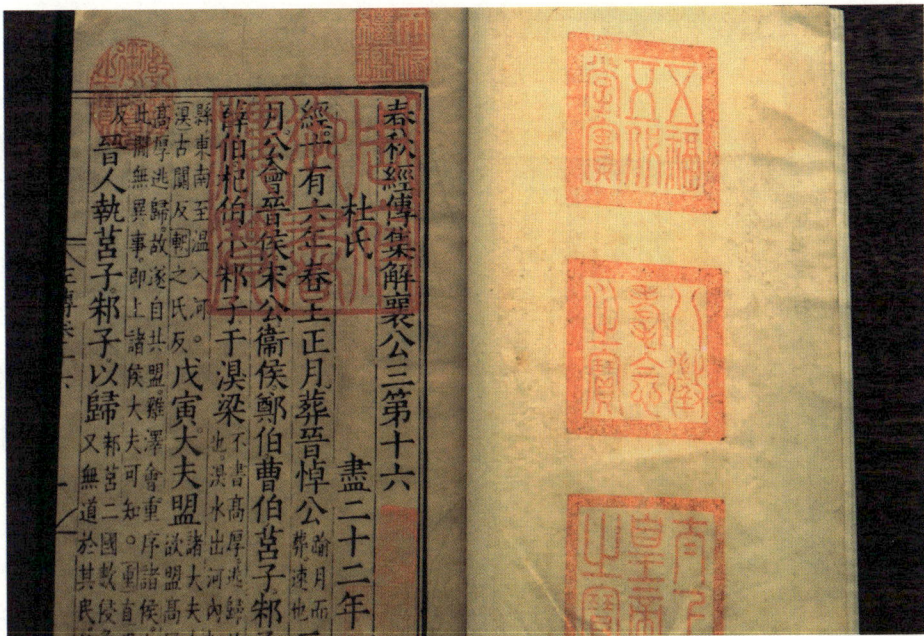

春秋经传集解

《左传》受到学界重视是在魏晋时期，先后有东汉经学家服虔、西晋时期著名学者杜预为其作注解，以后成为研究《春秋》的重要典籍。

左丘明晚年时眼睛出了毛病，不得不辞官回乡，不久就双目失明了。强烈的历史使命感使他振作起来，将几十年来的所见所闻，各诸侯的要闻和君臣容易得失的话记述下来，汇集成著名的历史名著《国语》。《国语》与《左传》一起成为珠联璧合的历史

■ 齐桓公　姓姜名小白。我国春秋时齐国国君。在位时期任用管仲改革，选贤任能，加强武备，发展生产，国力强盛。又多次会盟诸侯，成为中原霸主。桓公晚年昏庸，信用易牙、竖刁等小人，最终在内乱中饿死。

文化巨著。

《国语》是我国最早的一部国别史著作。全书21卷中，《晋语》9卷，《楚语》2卷，《齐语》只有1卷。《周语》从周穆王开始，属于西周早期。《郑语》只记载了齐桓公商讨东迁的史实，也还在春秋以前。

所以《国语》的内容不限于《春秋》，但确实记载了很多西周、春秋的重要事件。从传授渊源来看，可以认为是左丘明所作。《国语》出自的记录，是一种价值极高的原始史料，因此司马迁著《史记》时就从中吸取了很多史料。

《国语》在内容上有很强的伦理倾向，弘扬德的精神，尊崇礼的规范，认为"礼"是治国之本。而且非常突出忠君思想。

《国语》的政治观比较进步，反对专制和腐败，重视民意，重视人才，具有浓重的民本思想。《国语》记录了春秋时期的经济、财政、军事、兵法、外交、教育、法律、婚姻等各种内容，对研究先秦时期的历史非常重要。

从文学的发展角度来看，《国语》语言质朴，

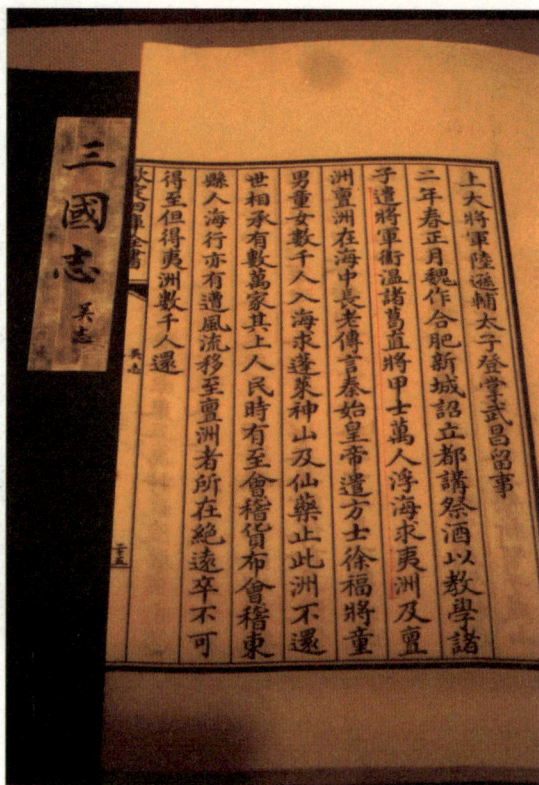

■《三国志》书影

崔鸿（478年—525年），字彦鸾，北魏时期著名史学家。历官尚书兵部郎中、司徒长史、给事黄门侍郎、散骑常侍、齐州大中正、度支尚书、青州刺史等。卒赠镇东将军。他的主要成就是著作了《十六国春秋》。

■ 陈寿 （233年—297年），字承祚。西晋史学家。历任著作郎、长平太守、治书待御史等职。280年，晋灭东吴，结束了分裂局面。陈寿当时48岁，开始撰写《三国志》。

虽不及《左传》，但比《尚书》《春秋》等历史散文还有所发展和提高。在记言和虚构故事情节中，其缜密、生动、精练、真切的笔法，对后世进行文学创作有很好的借鉴意义。

此外，《国语》按照一定顺序分国排列，在内容上偏重于记述历史人物的言论，从而开创了以国分类的国别史体例，对后世产生了很大影响。

西晋史学家陈寿著的《三国志》、北魏著名史学家崔鸿的《十六国春秋》、清代史学家吴任臣的《十国春秋》，都是《国语》体例的发展。

阅读链接

左丘明深得后世尊敬。左丘明逝世不久，人们即将他著述过的地方称作"左传精舍"，并世代有修葺。汉初，肥城置县伊始，就在县城兴建"左传精舍"并立重修碑。

唐太宗李世民颁《左丘明等二十一人配享孔子庙诏》，封左丘明为"经师"，从祀文庙。

元代著名学者张起岩称左丘明为"盲于目而不盲目于心者"。明世宗朱厚熜追封左丘明为"先儒"，敕建墓门坊，并亲书"先儒之墓"。清礼部确认丘明之嫡孙为世袭奉祀生，并赐祭田18亩。

列子寓精微哲理于文章

列子，名寇，又名御寇，或称列圄寇、列圉寇，即今河南省郑州人。战国前期道家思想代表人物。列子，战国前期思想家，是老子和庄子之外的又一位道家思想代表人物，与郑缪公同时。其学本于黄帝老子，主张清静无为。他终生致力于道德学问，先后著书20篇，10万多字，今存《汤问》《周穆王》等8篇，共成《列子》一书，在我国古代文学史上独占一席之地。列子后来被道教尊奉为"冲虚真人"。

《列子》是我国古代思想文化史上著名的典籍，属于诸家学派著作，是一部智慧之书，它能开启人们心智，给人以启示，给人以智慧。

■ 战国前期思想家列子画像

■ 关尹子 "关尹子"只是以官代名而已。关是指老子出函关的"关",守关的人叫关令尹,名字叫喜,所以称关令尹喜,后人尊称关尹子。相传西出函谷关时,函谷关守令尹喜久仰老子大名,所以盛情款留,希求指教。老子为留《道德经》五千言,骑牛西去。

列子终生致力于道德人学问,曾隐居郑国四十年,不求名利,清静修道。主张循名责实,无为而治。

列子心胸豁达,贫富不移,宠辱不惊。因家中贫穷,常常吃不饱肚子,以致面黄肌瘦。有人劝郑国执政的子阳资助列子,以博个好士之名,于是子阳就派人送他十车粮食,他再三致谢,却不肯收受实物。

他的妻子埋怨他不接受别人送的粮食,但列子认为子阳并不真的了解自己,他是听了别人的话才送粮来的,说不定以后会听别人的话怪罪自己呢!一年后,郑国发生变乱,子阳被杀,其党众多被株连致死,列子因拒绝过子阳而得以安然无恙。

这样的列子遗事至今郑州民间还在流传,康熙三十二年《郑州志》也记载了这个故事。

列子崇尚玄学,据说修道炼成御风之术。据史籍记载,列子之学,本于黄帝、老子为宗。张湛《列子·序》认为,列子玄学思想在于"巨细不限一域,穷达无假智力,治身贵于肆仕,顺性则所至皆适,水

019

上古时期

文坛鼻祖

玄学 是对《老子》《庄子》和《周易》的研究和解说。产生于魏晋。是魏晋时期的主要哲学思潮,是道家和儒家融合而出现的一种哲学和文化思潮。可以说是道家之学以一种新的表现方式,故又有新道家之称。

文学大家与传世经典

壶子 即壶丘子，名林，战国时期郑国人。列子之师。《庄子》里说世间最高深莫测的人，莫过于壶子。壶子曾经教导列子抛掉所有不良爱好，返璞归真，走自己的路。

《列子御风图轴》

火可蹈"。在列子看来，人应摆脱世间贵贱、名利的羁绊，顺应大道，淡泊名利，清静修道。

相传列子曾向关尹子问道，拜壶子为师，后来又先后师事老商氏和支伯高子，得到他们的真传。修道九年之后，他就能御风而行。

古代小说集《述异记》中说，列子常在立春这一天，乘风畅游八荒，立秋日就反归"风穴"，风至则草木皆生，去则草木皆落。

庄子《逍遥游》中描述列子乘风而行的情景"泠然善也，旬有五日而后返"。他驾风行到哪里，哪里就枯木逢春，重现生机。

事实上，《庄子》一书中常常虚构一些子虚乌有的人物，如"无名人""天根"，当然都是虚构夸张之词。这些记载虽然夸张，但也间接反映了列子道家学问的精深和列子超然物外的道家风范。

一个人能飘然飞行，逍遥自在，其轻松自得的精神境界，从某种意义上也是令人羡慕的。

《列子》一书的成书过程大体经历三个阶段。第一阶段，列子稍后，门人据其活动与言论编撰而成，不止八篇；第二阶段，汉代学者班固在此基础上补充整理，而成《汉书·艺文志》上著录

■ 班固（32年—92年），字孟坚，扶风安陵人。东汉官吏、史学家、文学家。潜心20余年，修成《汉书》，当世重之，迁玄武司马，撰《白虎通德论》，征匈奴为中护军，兵败受牵连，死狱中。善辞赋，有《两都赋》等。

的八篇之数；第三阶段，东晋学者张湛据自己祖上藏书及在战乱后收集到残卷，依照《汉书·艺文志》所记八篇，编撰成今本《列子》。

　　由于在编撰的过程中，为了疏通文字，连缀篇章，必然要加进补充整理编撰者本人的一些思想与他编的一些内容，所以，历经三世而成书的《列子》，杂就难免了。

　　尤其是在晋代，当时的玄学已成风气，从张湛所编撰的《列子》中，不难看出当时学界思想动态对《列子》一书的渗透式影响。

　　今《列子》版本不下几十种，而且各版本内容相差不远，有大量寓言、民间故事、神话传说等，书中旨意大致归同于老子、庄子。

　　《列子》全书8篇，140章，由哲理散文、寓言故事、神话故事、历史故事组成。而基本上则以寓言形式来表达精微的哲理。共有神话、寓言故事102个。

　　如《黄帝篇》有19个，《周穆王篇》有11个，《说符篇》有30个。这些神话、寓言故事和哲理散文，篇篇闪烁着智慧的光芒。

　　《列子》里面的许多寓言故事和神话传说都不乏具有深刻教益的作品。如《列子学射》《纪昌学射》

郑国　我国历史上春秋战国时代的一个诸侯国，国君为姬姓，伯爵。西周末封于郑，在近畿之棫林，今陕西省凤翔南，后迁拾，今陕西省华阴市，后东迁都新郑，今河南省新郑附近。其疆域约有今河南省北半省之中部。

《列子冲虚真经》

列子冲虚真經序錄終

列子冲虚真經
天瑞第一

子列子居鄭圃四十年人無識者國君卿大夫視之猶眾庶也國不足將嫁於衛弟子曰先生往無反期弟子敢有所謂先生將何以教先生曰先生不聞壺丘子林之言乎子列子笑曰壺子何言哉雖然夫子嘗語伯昏瞀人吾側聞之試以告女其言曰有生不生有化不化不生者能生生不化者能化化生者不能不生化者不能不化故常生常化常生常化

汤問第五

殷湯問於夏革曰古初有物乎夏革曰古初無物今惡得物後之人將謂今之無物可乎殷湯曰然則物無先後乎夏革曰物之終始初無極已始或為終終或為始惡知其紀然自物之外自事之先朕所不知也殷湯曰然則上下八方有極盡乎革曰不知也殷湯固問革曰無則無極有則有盡朕何以知之然無極之外復無無極無盡之中復無無盡無極復無無極無盡復無無盡朕以是知其無

和《薛谭学讴》3个故事分别告诉我们：在学习上，不但要知其然，还要知其所以然；真正的本领是从勤学苦练中得来的；知识技能是没有尽头的，不能只学到一点就满足了。还有情节离奇的《妻不识夫》告诉人们，一个人是可以达到移心易性的。

《列子·说符》中有个《关尹子教射》的故事。列子学习射箭，射中了靶子，去请教关尹子。关尹子问他知不知道能射中靶子的原因，列子回答说不知道。

关尹子就让他回去再练。过了3年，列子又来向关尹子求教。关尹子又问他为什么能射中靶子的原因，列子说知道了。关尹子这才认可，并教导他：不但是射箭，治理国家以及自我修养，都要像这个样子。

这则寓言告诉人们，凡事只有知其所以然，掌握其中的规律，才能精益求精地把事情办好。

此外，在《列子》一书中，列子认识到了人类活动对自然界会产生影响，会破坏人与自然和谐相处。如《黄帝》篇中讲道：

> 禽兽之智有自然与人童者，其齐欲摄生，亦不假智于
> 人也：牝牡相偶，母子相亲；避平依险，违寒就温；居则
> 有群，行则有列；小者居内，壮者居外；饮则相携，食则鸣
> 群。太古之时，则与人同处，与人并行。帝王之时，始惊骇
> 散乱矣。逮于末世，隐伏逃窜，以避患害。

在这一段文字中，《列子》十分详细地论述了原本与人和谐相处的禽兽，因为人的活动而使这种状态受到影响。从太古之时的"与人同处，与人并行"，到帝王之时的"见人而惊骇散乱"再到末世的"隐伏逃窜，以避患害"。

列子塑像

说明人类文明的发展导致了人与动物和谐关系的破灭。表达了对人类文明进程中人对自然环境破坏的一种担忧，是对人类自身活动的一种反思。

在寓言的运用这一点上，《列子》完全可以与古希腊的《伊索寓言》相媲美，但在意境上远远超越《伊索寓言》。

此外，《列子》中的成语以"四字格"作为其典型形式，且大部分为联合式结构，其中大部分以寓言性成语为主，体现出浓厚的道家思想。

列子御风塑像

《列子》成语对古汉语知识的保存和后世双音词、成语形成都有重要影响。《列子》一书是我国古代思想史上的重要著作之一。其思想与道家十分接近，后来被道教奉为经典。书中记载了许多民间故事、寓言和神话传说，因而在我国古代文学史上也有一定地位。书中还有大量的养生与古代气功的论述，亦值得研究。

《列子》是我国古代思想文化史上著名的典籍，属于诸家学派著作，是一部智慧之书，它能开启人们心智，给人以启示，给人以智慧。我们要了解我国传统文化，吸取其精华为当今社会主义的和谐风习与全民健康起推动和促进作用，《列子》是有必要认真阅读的。

阅读链接

列子生前御风而行逍遥游，终得成仙升天，给后人留下了八卦御风台。八卦御风台在郑州东的高岗上，为一八角形高台，上绘八卦图，旁有列子塑像。

那里山高林密，云缠雾绕，风吹树响，站在御风台前，望着列子像，真能感觉到几分神风仙气。故郑州人将此景色谓之"卦台仙景"，列入郑州八景。

后人来瞻列子祠，游御风台，佩服先贤的高风亮节，羡慕列子的御风而行，不由慷慨赞叹，吟诗题咏。

秦汉至隋唐是我国历史上的中古时期。从秦王朝建立到唐末的1100多年间，我国造就了若干作家群体，为泱泱社会、芸芸众生树立了道德模范和正义标杆。

如司马相如铺张扬厉的汉赋，刘向、司马迁史著中的文学成就，曹植的磊落清新之美与萧统的搜罗宏富之功，还有韩愈以其富有特色的散文开启了唐宋古文运动语言和文体的新风。这些巨匠以他们的妙笔华章，展现了多姿多彩的人格与文风。

华章妙手

司马相如赋才天纵

司马相如（约前179—前127年），字长卿。生于西汉巴郡安汉县，即今四川省南充市蓬安县；一说生于四川省成都。

司马相如是中国文化史文学史上杰出的代表，是西汉盛世汉武帝时期伟大的文学家、杰出的政治家。西汉大辞赋家，汉赋的奠基人。

其代表作品为《子虚赋》《上林赋》。鲁迅在《汉文学史纲要》中说："武帝时文人，赋莫若司马相如，文莫若司马迁。"作品词藻富丽，结构宏大，使他成为汉赋的代表作家，后人称之为赋圣和"辞宗"。

■司马相如和卓文君

■ 梁孝王刘武 是西汉时期的贵族，与馆陶公主、汉景帝同为窦太后所出。刘武在位期间曾带兵抵御"七国之乱"中吴王刘濞的进攻，功劳极大，后又仗着母后疼宠和梁国土地广大准备争夺皇储之位。在位23年，谥号"孝"，故号梁孝王。葬于永城芒砀山。

司马相如在小时候，因为很佩服战国时期赵国的大将蔺相如，就把名字改为司马相如。他很聪明，喜欢读书、练字和击剑，他逐渐成长为了一个文武全才的人。

相如一身本事，可就是一个功名也没有，家里用钱给他捐了个官，在汉景帝身边侍奉。但他并不喜欢这个官职。

一次，梁孝王刘武来见汉景帝，梁王手下有不少文人墨客，相如和他们很谈得来，于是就向景帝推说有病，辞掉了官职，跟着梁王回去了。他与那些文人们朝夕相处，就在此时，他为梁王写了一篇著名的《子虚赋》。

梁王去世以后，相如便回到家里，这时他的家已经很贫穷了，他又没有什么谋生的技能。因为他与临邛的县令关系很好，便去投奔了他。

临邛一个叫卓王孙的富户，听说县令家来了客人，便大摆宴席邀请县令与相如到他家做客，实际是为了巴结县令。

在县令的一再要求下，他只好去了。酒喝到一半的时候，县令说："听说相如很会弹琴，能不能弹上

蔺相如 战国时赵国上卿，今山西柳林孟门人，一说山西古县蔺子坪人，官至上卿，赵国宦官头目缪贤的家臣，战国时期著名的政治家、外交家。《史记·廉颇蔺相如列传》记载，他的生平最重要的事迹有完璧归赵、渑池之会与负荆请罪。

文坛泰斗

文学大家与传世经典

一曲助助兴呢？"相如推辞不过，便动手弹奏《凤求凰》琴曲。

卓王孙有个女儿，叫卓文君，刚刚死了丈夫，就搬回娘家来住。卓文君非常喜欢音乐，又听说司马相如人才出众，便在他弹琴的时候，在外面偷偷地看。谁知，卓文君一下子被相如的风采给迷住了，爱上了司马相如。

司马相如这时已经发现了卓文君在偷看自己，他也对文君产生了爱慕之心，便在琴声中暗藏爱意，向文君表白自己的心意。

在酒宴之后，司马相如通过卓文君的侍婢向她转达心意，卓文君便于深夜逃出家门，与司马相如私奔，到了成都司马相如的老家。

当时司马相如家里真是徒有四壁，但两人决定用自己的双手来创造一切。为了谋生，他们还开了一家酒店，卓文君卖酒，相如酿酒，他们的日子过得有滋有味，他们的爱情成为千古佳话。

过了很久以后，汉景帝去世，汉武帝刘彻即位。刘彻有一次看到《子虚赋》非常喜欢，以为是古人之作，

■ 卓文君　西汉临邛，即今四川省邛崃人，汉代才女。精通音律。与汉代著名文人司马相如的一段爱情佳话至今还被人津津乐道。也有不少佳作流传后世。代表作品《白头吟》

■ 汉武帝刘彻（前156—前87年），幼名刘彘。汉朝的第五代皇帝。在位54年。谥号"孝武皇帝"，庙号世宗。我国历史上著名的政治家、战略家。他以雄才大略、文治武功，使汉朝成为当时世界上最强大的国家，赢得了一个国家前所未有的尊严。

叹息自己不能和作者同时代。当得知此赋为司马相如所作时，刘彻惊喜之余马上召司马相如进京。

司马相如向武帝表示说："《子虚赋》写的只是诸侯王打猎的事，算不了什么，请允许我再作一篇天子打猎的赋。"

于是，司马相写了一篇内容上与《子虚赋》相接的《上林赋》，而且文字辞藻也都更华美壮丽。

此赋以维护国家统一、反对帝王奢侈为主旨，歌颂了统一大帝国无可比拟的声威，又对最高统治者有

■ 司马相如和卓文君石刻

汉代竹简

文坛泰斗

文学大家与传世经典

所讽谏，开创了汉代大赋的一个基本主题。此赋一出，司马相如被刘彻封为郎。

汉代最重要的文学样式是赋，而司马相如是公认的汉赋代表作家和赋论大师，也是一位文学大师和美学大家。司马相如文思萧散，控引天地，错综古今。他的才华，在《子虚赋》和《上林赋》中表现得淋漓尽致。

《子虚赋》通过楚国的子虚先生讲述随齐王出猎，齐王问及楚国，极力铺排楚国之广大丰饶，以至云梦不过是其后花园之小小一角。乌有先生不服，便以齐之大海名山、异方殊类，傲视子虚。总地来看都是张扬大国风采、帝王气象。

《上林赋》作为司马相如最重要的代表作，是文学史上第一篇全面体现汉赋特色的大赋。此赋以夸耀的笔调描写了汉天子上林苑的壮丽及汉天子游猎的盛大规模，歌颂了统一王朝的声威和气势。在写作上，它充分体现了汉大赋铺张夸饰的特点，规模宏大，叙述细腻。

《子虚赋》与《上林赋》构成姊妹篇，都是汉代文学正式确立的标志性作品。鲁迅先生在《汉文学史纲要》中指出：

> 盖汉兴好楚声，武帝左右亲信，如朱买臣等，多以楚辞进，而相如独变其体，益以玮奇之意，饰以绮丽之辞，句之短长，亦不拘成法，与当时甚不同。

这就概括了司马相如在文体创新方面的非凡成就。正是这种成就，使司马相如成为当之无愧的汉赋奠基人。

司马相如还写过《司马相如上书谏猎》《长门赋》等，都是文采华茂、意境高远的上乘之作。

此外，司马相如也是汉代很有成就的散文名家，其散文流传至今的有《谕巴蜀檄》《难蜀父老》《谏猎疏》《封禅文》等。

虽然有部分著作在历史上起了一些消极作用，但

上林苑　是汉武帝刘彻于公元前138年在秦代的一个旧苑址上扩建而成的宫苑，规模宏伟，宫室众多，有多种功能和游乐内容。今已无存。上林苑亦是当时汉武帝尚武之地，在此处有皇帝的亲兵羽林军，并由后来的大将军卫青统领。

■ 西汉人弹奏乐器蜡像

从整体上看，在语言的运用和形式的发展等方面，司马相如对汉代辞赋和散文做出了重要的贡献。

2000多年来，司马相如在文学史上一直享有崇高的声望，产生了深远的影响。

两汉作家，绝大多数对他十分佩服，其中最有代表性的是伟大的历史学家司马迁。在整个《史记》中，专为文学家立的传只有两篇：一篇是《屈原贾生列传》，另一篇就是《司马相如列传》，仅此即可看出司马相如在司马迁心目中的重要地位。

在《司马相如列传》中，司马迁全文收录了他的3篇赋、4篇散文，以至《司马相如列传》的篇幅大约相当于《贾生列传》的6倍。这就表明，司马迁认为司马相如的文学成就是超过贾谊的。

司马相如被班固、刘勰称为"辞宗"，被王应麟、王世贞等后世学者称为"赋圣"。同时，司马相如与卓文君不拘封建礼教的束缚，追求自由、幸福的爱情婚姻的果敢行为，远在公元前就演绎了自由恋爱的爱情经典，被誉为"世界十大经典爱情之首"，闻名中外。

文坛泰斗

文学大家与传世经典

阅读链接

据《史记》记载，司马相如"少时好读书，学击剑，故其亲名之曰犬子"。也就是说"犬子"其实是他的乳名，或者名字。"犬子"之称，只是司马相如的父母为了小儿好养活特意选的一个低贱的字词，以远离鬼魅。

司马相如长大后自己改了名字，"犬子"才成了小名。随着司马相如的成名，"犬子"也不断为人所知。因为司马相如的巨大影响，人们谦称自家儿郎，便纷纷用上了"犬子"一词，并传至今日，成为我国人民日常用语之不自觉习惯。

刘向著史书畅所欲言

刘向（约前77—前6年），原名更生，字子政。生于西汉时沛县，即今江苏省徐州市。他是西汉时期著名经学家、目录学家和文学家，对后世具有一定影响。

刘向撰有《别录》《说苑》《列女传》等。而其所著《战国策》33卷，不仅展示了战国时代的历史特点和社会风貌，是研究战国历史的重要典籍，而且具有很高的文学艺术价值。

■ 刘向画像

■ 刘向画像

文坛泰斗

文学大家与传世经典

汉成帝 名刘骜。西汉的第十二位皇帝。谥号"孝成皇帝"，葬于延陵，庙号统宗。历史上对他的定评是"耽于酒色"。他自甘堕落，迷恋酒色，荒淫无道，不理朝政，最后竟死在"温柔乡"中。

刘歆 字子骏，西汉末年人，他是汉高祖刘邦异母弟楚元王刘交的五世孙、宗正刘向之子，公元前6年改名为刘秀。是我国儒学史上的一个重要人物，后因谋诛王莽事败自杀。

刘向历经3朝帝王，历任散骑谏大夫、散骑宗正、光禄大夫等职。官终中垒校尉，故又世称刘中垒。曾屡次上疏弹劾宦官外戚专权。

汉成帝时受诏命校书近20年，未完成的工作由其子刘歆续成。刘歆以《别录》为基础撰成的《七略》，成为我国最早的目录学著作。

据东汉班固《汉书·艺文志》载，刘向有辞赋33篇，今仅存《九叹》一篇，见于《楚辞》。刘向典校的古籍主要包括经传、诸子和诗赋。典校时，又撰有《别录》。

刘向的散文主要是奏疏和校雠古书的"叙录"，较有名的有《谏营昌陵疏》和《战国策叙录》，其叙事简约，论理畅达、舒缓平易是其主要特色。

刘向编著了《新序》《说苑》《古列女传》3部历史故事集，是魏晋小说的先导。

《新序》是刘向采集舜、禹至汉代史实，分类编撰而成的一部书，原书30卷，今存10

■ 曾巩（1019年—1083年），字子固，世称"南丰先生"。建昌南丰，今属江西人，北宋政治家、散文家。"唐宋八大家"之一，为"南丰七曾"之一。在学术思想和文学事业上贡献卓越。

卷，由北宋曾巩校订。记载了相传是宋玉对楚王问的话，列举了楚国流行歌曲《下里巴人》《阳阿》《薤露》等。

《说苑》按类编辑了先秦至西汉的一些历史故事和传说，并夹有作者的议论，借题发挥儒家的政治思想和道德观念，带有一定的哲理性。

《列女传》是一部介绍我国古代妇女行为的书，也有观点认为该书是一部妇女史。西汉时期汉成帝之皇后赵飞燕失宠后招来一批壮硕美男淫乱无度，光禄大夫刘向看到赵皇后如此秽乱，实在忍无可忍，但又不便明白指出，只好费了许多功夫，引经据典，搜罗昔时贤后贞妇，兴国保家之事，写成了一册《列女传》。呈献汉成帝作为讽劝，力斥孽嬖为乱亡之征兆，以盼望朝廷有所警悟。汉成帝嗟叹至三，频频予以嘉勉，但就是不讲实质性的话，也终究未因此做出实际的行动，但是刘向的《列女传》却因而流传下来。

在刘向的所有作品中，最为著名的当属《战国策》，此书以其文献价值和文学价值著称于世。

■《列女传》书影

纵横家 出现于战国至秦汉之际，多为策辩之士，可以称为我国5000年中最早也是最特殊的外交政治家。创始人鬼谷子，杰出代表人物有：苏代、姚贾、苏秦、张仪、公孙衍，《汉书·艺文志》列为"九流"之一。

《战国策》又称《国策》，是一部国别体史书，也是我国古代的一部历史学名著。《战国策》所记录的多是战国时纵横家为其所辅之国的政治主张和外交策略，因此刘向把这本书名为《战国策》，沿用至今。北宋时，《战国策》散佚颇多，经曾巩校补，是为今本《战国策》。

《战国策》全书按东周、西周、秦国、齐国、楚国、赵国、魏国、韩国、燕国、宋国、卫国、中山国依次分国编写，分为12策，33卷，共497篇，约12万字。所记载的历史，上起公元前490年智伯灭范氏，下至公元前221年高渐离以筑击秦始皇。是古代历史散文成就最高，影响最大的著作之一。

在史学上，《战国策》在我国古代史上曾具有很重要的史料地位。

《战国策》是我国古代记载战国时期政治斗争的一部最完整的著作，是当时纵横家游说之辞的汇编。当时战国七雄合纵连横、政权更迭，这些风云变幻与战争绵延，都与谋士献策、智士论辩有关，因而具有重要的史料价值。《战国策》是继《春秋》之后，讫楚汉之起，共254年的历史记载，补足了这段时间的史料空白。《战国策》保存了许多珍贵史料，有许多是独家占有之史

■ 秦始皇 （前259年—前210年），名嬴政，秦庄襄王之子。战国时秦国国君，秦王朝的建立者。在位37年，称王25年，称帝12年。他统一了古代中国，结束了当时四分五裂的局面。被后人称为"千古一帝"。

料，是司马迁修《史记》取材的唯一史料来源。司马光著《资治通鉴》，战国时史料也取自《战国策》。

在文学上，《战国策》有文辞之胜，具有浓厚的艺术魅力和文学趣味，在我国古典文学史上也具有重要地位。其所记人物是复杂的，有纵横家如苏秦，有义士如鲁仲连、唐雎，有不怕死的勇士如荆轲、聂政，等等，所有人物的描写形象极为生动，而且善于运用巧妙生动的比喻，通过有趣的寓言故事，增强文章的感染力。著名的寓言有"画蛇添足""亡羊补牢""狡兔三窟""狐假虎威""南辕北辙"等。

《战国策》的文章长于说事，无论个人陈述或双方辩论，都喜欢渲染夸大，充分发挥，畅所欲言，具有很强的说服力。《战国策》对我国两汉以来史传文政论文的发展都产生过积极影响。

■ 司马光 （1019年—1086年），字君实，号迂叟，陕州夏县，今山西夏县人，世称涑水先生。北宋政治家、文学家、史学家。辛赠太师、温国公，谥"文正"。主持编纂我国历史上第一部编年体通史《资治通鉴》。著有《稽古录》《涑水记闻》《潜虚》等。

阅读链接

刘向、刘歆父子是西汉后期著名的古典文献专家和历史学家。据《汉书·本传》记载，汉宣帝时，刘向曾"讲论《五经》于石渠"；汉成帝时，刘向奉皇命校勘皇家馆藏经书，"领校中《五经》秘书"。

刘歆"受诏与父向领校秘书，讲六艺传记，诸子、诗赋、数术、方技，无所不究"。刘歆的《七略》，尤其是其中的《诸子略》，在思想史上具有重要地位。

在我国古籍整理事业中，刘向父子做出了卓绝的贡献，在我国灿烂的群星中应占有一席之地。

司马迁无韵之《离骚》

司马迁，字子长，生于西汉时夏阳，即今陕西省韩城。我国古代最伟大的史学家、文学家，被后人尊为"史圣""历史之父"。所著《史记》记载了从上古传说中的黄帝时期，到汉武帝元狩元年，长达3000多年的历史。

《史记》是我国第一部纪传体通史，同时在文学上取得了辉煌的艺术成就。因此，鲁迅称之为"史家之绝唱，无韵之《离骚》。"

■ 史学家司马迁画像

■董仲舒（前179年—前104年），生于汉代的广川郡，西汉时期著名的唯心主义哲学家和今文经学大师。他把儒家的伦理思想概括为"三纲五常"，并且提出"罢黜百家，独尊儒术"，汉武帝采纳了董仲舒的建议，从此儒学开始成为官方哲学。

据说司马迁家自唐虞至周，都是世代相传的史学家和文学家。受家庭的影响，司马迁从10岁起就能诵读古文。10岁以后，他跟随父亲来到当时的国都长安，学习经书和史学。

在都城长安，司马迁曾直接聆听著名学者、经学大师孔安国、董仲舒等人讲经，跟孔安国学习古文《尚书》，听董仲舒讲《公羊春秋》，谙熟了当时的古文经学和今文经学理论，受益匪浅。此外，他还借助父亲太史令这样一个便利条件，阅读了大量古籍、经典、百家论著和皇家档案。

从20岁开始，司马迁便到全国各地进行有目的的游览考察。他南游江淮，北过齐鲁，到了汉高祖刘邦的故乡徐州沛县，观访西楚霸王项羽的出生地彭城，等等。他曾奉命出征西南夷，涉过巴山蜀水，一直深入云南腹地而返。

在游历过程中，司马迁广泛接触到社会各方面的情况，尤其是对下层劳动人民的疾苦有了更深刻的认识。这既使他开阔了眼界，又增长了知识，为他以后撰写《史记》，提供了大量翔实可靠的历史资料。

公元前111年，司马迁的父亲去世。这对于司马迁

太史令 也称太史，官职名，夏代末已有此职。西周、春秋时太史掌管起草文书，策命诸侯卿大夫，记载史事，编写史书，兼管国家典籍、祭祀等，为朝廷大臣。秦汉属太常，隋属秘书省，唐属秘书省，元初设太史院时及明吴元年前称太史令。

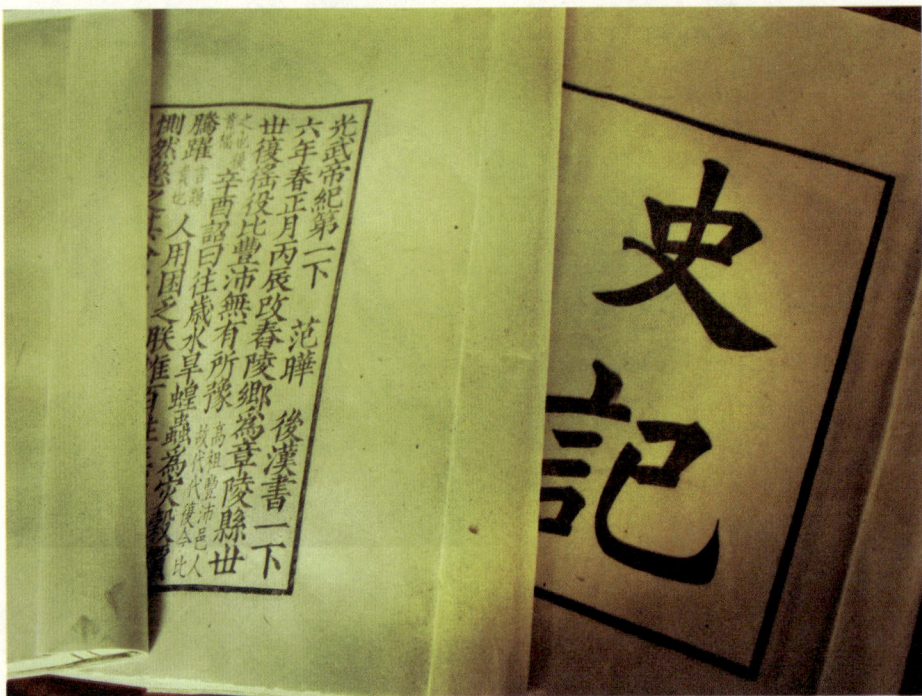

■ 我国第一部纪传体通史《史记》

周文王 （前1152年—前1056年），他是黄帝的后裔，季历之子。商纣时被封为西伯，亦称伯昌。其子武王姬发得天下后，追尊为"文王"。他治理岐山50年，国力大盛。孔子称周文王为"三代之英"。

来说是一生中的一个转折点。其父临终前，要司马迁修一部史书。司马迁经过充分准备，于公元前104年开始着手撰写《史记》。但正当他专心致力于《史记》的创作时，却遇上了飞来横祸，这就是李陵事件。

公元前99年，汉武帝派自己宠妃李夫人的哥哥李广利领兵讨伐匈奴，另派别将李陵随从李广利押运辎重。李陵带领5000步卒孤军深入浚稽山，与单于遭遇。经过八昼夜的战斗，李陵斩杀了1万多匈奴，但是由于他得不到主力部队的后援，结果弹尽粮绝，被迫投降。

李陵兵败的消息传到长安后，大臣们都谴责李陵不该贪生怕死，向匈奴投降。汉武帝问太史令司马迁，听听他的意见。

司马迁说："李陵带去的步兵不满五千，他深入到敌人的腹地，打击了几万敌人。虽然打了败仗，可是杀了这么多敌人，也可以向天下人交代了。李陵不肯马上去死，准有他的主意。他一定还想将功赎罪来报答陛下。"

汉武帝听了，认为司马迁这是为李陵辩护，有意贬低李广利，于是下令将司马迁打入大牢，并处腐刑。

司马迁并没有在狱中消沉下去，他想：从前周文王被关在羑里，写了一部《周易》；孔子周游列国的路上被困在陈蔡，后来编了一部《春秋》；屈原遭到放逐，写了《离骚》；左丘明眼睛瞎了，写了《国语》；孙膑被剜掉膝盖骨，写了《兵法》。还有《诗经》三百篇，

■ 屈原（前340年—前278年），姓屈氏，名平，字原。是我国最早的浪漫主义诗人。创立"楚辞"文体，代表作品有《离骚》《九歌》《九章》《天问》等。他的出现，标志着我国诗歌进入了一个由集体歌唱到个人独唱的新时代。

范晔（398年—445年），字蔚宗，今河南淅川东人。南朝宋史学家。撰写成10纪，80列传《后汉书》，原计划的10志未及完成，以谋反罪被杀止。今本《后汉书》中的8志30卷，是南朝梁刘昭从司马彪的《续汉书》中抽出来补进去的。

司马迁著史石刻像

大都是古人在心情忧愤的情况下写的。

这些著名的著作，都是作者心里有郁闷，或者理想行不通的时候，才写出来的。我为什么不利用这个时候把这部史书写好呢？

司马迁在《报任安书》中曾详细地叙述了自己痛苦的思想斗争过程，对死亡的看法以及忍辱负重活下来的决心。他说，人都有一死，"或重于泰山，或轻于鸿毛"。如果自己这样不明不白地死了，既无法实现自己的远大理想和父亲的愿望，也死得像鸿毛一样轻不可言。

4年后，司马迁被赦出狱，从此更加专心写作。公元前91年，他用毕生精力和心血写成的《史记》这部不朽巨著终于问世了。

《史记》由司马迁撰写，是我国第一部纪传体通史。书中记载了从传说中黄帝时代开始，一直到汉武帝太始二年，即公元前95年为止，共3000多年的历史。

《史记》最初没有书名，或称"太史公书""太史公传"，也称"太史公"。"史记"本是古代史书的通称，从三国时期开始，"史记"由史书的通称逐渐演变成"太史公书"的专称。

《史记》与班固的《汉书》、范晔和司马彪的《后汉书》、陈寿的《三国志》合称"前四史"。与宋代司马光编撰的《资治通鉴》并称"史学双璧"。

史家之绝唱
無韻之離騷

■ 司马迁画像

《史记》共130卷，有12本纪、10表、8书、30世家、72列传，约52万字。其中本纪和列传是主体。

"本纪"是全书提纲，按年月时间记述帝王的言行政绩；"表"用表格来简列世系、人物和史事；"书"则记述制度发展，涉及礼乐制度、天文兵律、社会经济、河渠地理等诸方面内容；"世家"记述子孙世袭的王侯封国史迹和特别重要人物事迹；"列传"是帝王诸侯外其他各方面代表人物的生平事迹和少数民族的传记。

鲁迅说《史记》是"史家之绝唱，无韵之《离骚》"，说明它除了建立通史体裁外，在文学方面，

世袭 世袭或世袭制度是指某专权一代继一代地保持在某个血缘家庭中的一种社会概念。其中可分为政治世袭和经济世袭两类。我国古代是一个农业大国。农业生产使社会形成稳固的血缘家庭。世袭制概念在这种社会状态下很容易被普遍群众接受。

司马迁画像

王国维（1877年—1927年），字伯隅、静安，号观堂、永观，浙江海宁盐官镇人。清末秀才。我国近现代在文学、美学、史学、哲学、古文字学、考古学等各方面成就卓著的学术巨子，国学大师。著有《人间词话》《曲录》《观堂集林》等。

《史记》也取得了辉煌成就。

首先，《史记》作为我国第一部以描写人物为中心的大规模作品，为后代文学的发展提供了一个重要基础和多种可能性。《史记》为我国文学建立了一批重要的人物原型。

在后代的小说、戏剧中，所写的帝王、英雄、侠客、官吏等各种人物形象，有不少是从《史记》的人物形象演化出来的。由此可见，它对古代的小说、戏剧、传记文学等文学艺术形式，都有广泛而深远的影响。

其次，在传记文学方面，由于《史记》的纪传体为后代史书所继承，由此产生了大量的历史人物传记。虽然后代史书的文学性显著不如《史记》，但其数量既浩如瀚海，如果将其中优秀传记提取出来，也是极为可观的。

此外，史传以外的别传、家传、墓志铭等各种形式的传记，也与《史记》所开创的传记文学传统有渊源关系。

对于《史记》在文学艺术上的成就，可以总结出以下三大特色：

一是精妙的叙事艺术。该书综合前代史书中各种体例，创立了纪传体的通史，由书、表、本纪、世家、列传，共同形成了纵横交错的舒适结构；各层次人物传记的排列是以时间为序，但又兼顾各传记之间的内在联系，遵循着以类相从的原则；追根求源，详因略果；条理清晰。

二是精彩的人物刻画。平民被第一次列入史传；人物个性鲜明，且多维透视；利用"互现"法，即在一片传记中着重表现他的主要特征，而其他方面的性格特征则放在别人的传记中显示。

三是悲壮的风格特征。宏廓画面和深邃意蕴；浓郁的悲剧气氛；强烈的传奇色彩。

司马迁及其《史记》的影响是深远的。20世纪以来，司马迁与《史记》的学术研究队伍日益壮大，学者除了对司马迁生年、生平、家世和《史记》的名称、断限、体制、取材、篇章残缺与补窜等具体问题的考证之外，更加扩展了《史记》的综合集成研究。

他们以文献为本，汲取本土考古学成果，结合西方史学学理与方法，考证精严，论断谨慎，逻辑分析严密，极大地推动了大陆《史记》从"史料学"到"《史记》学"的进展，突破性成果较多。

例如，王国维首用甲骨文、金文证明《史记》记载的三代历史为可信，从王国维与郭沫若同用汉简考证司马迁的生年到陈直的《史记新证》，都可看出考古文献得到了极大利用。

阅读链接

公元前110年，司马迁的父亲司马谈在汉武帝举行大规模巡行封禅时病了，经过汉武帝的允许留在洛阳养病。正好司马迁从长安匆匆赶去追随汉武帝，在洛阳见到了他奄奄一息的父亲司马谈。

司马谈语重心长地嘱咐儿子司马迁"终于立身，扬名于后世，以显父母，此孝之大者"，并要司马迁修一部史书。

司马迁俯首流涕，发誓把父亲已记录编排过的有关过去的传闻，完整地书写出来。洛阳相会，竟成为一对钟情于历史学的父子的生死之别。

曹植辞采华茂赋洛神

曹植（192年—232年），字子建。因封陈王，故世称陈思王。生于沛国谯，即今安徽省亳州市。曹操之子，曹丕之弟。三国曹魏著名文学家，建安文学代表人物和集大成者。有《白马篇》《飞龙篇》《洛神赋》，其中《洛神赋》为最。

后人因他文学上的造诣而将他与曹操、曹丕合称为"三曹"，南朝宋文学家谢灵运更有"天下才有一石，曹子建独占八斗"的评价。

建安文学集大成者曹植塑像

曹植自幼颖慧，10岁余便诵读诗、文、辞赋数十万言，出言为论，落笔成文，深得曹操的宠爱。曹操曾经认为曹植在诸子中"最可定大事"，几次想要立他为世子。然而曹植行为放任，不拘礼法，屡犯法禁，引起曹操的震怒，而他的兄长曹丕则颇能矫情自饰，终于在立储斗争中渐占上风。

曹操病逝后，曹丕即魏王位，不久又称帝，即魏文帝。曹植的生活从此发生了变化。他从一个过着优游宴乐生活的贵族王子，变成处处受限制和打击的对象。

曹丕病逝后，曹叡即位，即魏明帝。曹叡对他仍然严加防范和限制，处境并没有根本好转。曹植在文、明两帝曾被迁封过多次，最后于232年在封地陈郡逝世。

曹植生前自编过作品选集《前录》78篇。去世后，魏明帝曹叡曾为之集录著作百余篇，《隋书·经籍志》著录有集30卷，又《列女传颂》1卷、《画赞》5卷。原集至北宋末散佚。今存南宋嘉定六年刻本《曹子建集》10卷，辑录诗、赋、文共206篇。明代所刻的《陈思王集》，大概据南宋本稍加厘定而成。

■ 曹操（155年—220年），字孟德，一名吉利，小字阿瞒，沛国谯人。东汉末年著名政治家、军事家、文学家、书法家。一生以汉朝大将军、丞相的名义征讨四方割据政权，为统一我国北方做出重大贡献。其诗作具有创新精神，开启并繁荣了建安文学。鲁迅评价其为"改造文章的祖师"。

■ 曹植父子塑像

建安文学 建安年间文学领袖都是曹家人物，即曹操、曹植和曹丕，故称这时期的文学为建安文学。建安文学新局面的开创者是杰出的政治家、军事家和诗人曹操。建安文学时期的作品慷慨激昂，豪爽磊落，清新自然，被后世称为"建安风骨"。

清代的《曹集铨评》和《曹集考异》，又对各篇细加校订，并增补了不少佚文散句，为较全、较精的两个本子。此外，还有近代的《曹子建诗注》和《曹植诗笺》，以及现在的《曹植集校注》。

诗歌是曹植文学活动的主要领域。前期与后期内容上有很大的差异，前期诗歌可分为两大类：一类现他贵族王子的优游生活，一类则反映他"生乎乱、长乎军"的时代感受。

后期的诗歌，主要抒发他在压制之下时而愤慨时而哀怨的心情，表现他不甘被弃置，希冀用世立功的愿望。

今存曹植比较完整的诗歌有80余首。曹植在诗歌艺术上有很多创新发展。特别是在五言诗的创作上贡献尤大。汉乐府古辞多以叙事为主，至《古诗十九首》，抒情成分才在作品中占重要地位。

曹植发展了这种趋向，把抒情和叙事有机地结合起来，使五言诗既能描写复杂的事态变化，又能表达曲折的心理感受，大大丰富了它的艺术功能。

曹植还是建安文学之集大成者，对于后世的影响很大。在两晋南北朝时期，他被推尊到文章典范的地位。南朝大诗人谢灵运对他更是赞许有佳："天下才共一石，子建独得八斗，我得一斗，天下共分一斗。"成语"才高八斗"便是由此得来。王士禛曾经论汉魏以来2000年间诗家堪称"仙才"者，说只有曹植、李白、苏轼三人。

曹植不仅在诗歌创作方面有着杰出的成就，其赋继承了两汉以来抒情小赋的传统，又吸收了楚辞的浪漫主义的精神，为辞赋的发展开辟了一个新的境界。在这方面的代表就是《洛神赋》。

《洛神赋》原名《感鄄赋》《感甄赋》，"甄"通"鄄"，是曹植的浪漫主义名篇。作者以浪漫主义的手法，通过梦幻的境界，描写人神之间的真挚爱情，但终因"人神殊道"无从结合而惆怅分离。

或以为假托洛神，寄心文帝，抒发衷情不能相通的政治苦闷。全赋多

■ 苏轼（1037年—1101年），字子瞻，号东坡居士。眉州眉山人。北宋文学家、书画家。天资极高，诗文书画皆精。与欧阳修并称欧苏，为"唐宋八大家"之一；与黄庭坚并称苏黄；与辛弃疾并称苏辛；与黄庭坚、米芾、蔡襄并称宋四家。著有《苏东坡全集》和《东坡乐府》等。

洛神 名宓妃。宓妃原是伏羲氏的女儿，因迷恋洛河两岸的美丽景色，降临到了人间，来到洛河岸边。曹植在《洛神赋》中说她"翩若惊鸿，婉若游龙"。真是形象鲜明，色彩艳丽。

方着墨，极力描绘洛神之美，生动传神。格调凄艳哀伤，辞采华茂。

《洛神赋》具有突出的艺术特点：

一是想象丰富。曹植想象从京城洛阳启程，东归封地鄄城。途中，他在洛川之边，停车饮马，在阳林漫步之时，看到了洛神宓妃。

洛神的体态摇曳飘忽像惊飞的大雁，婉曲轻柔像是水中的游龙，鲜美、华丽较秋菊、茂松有过之，姣如朝霞，纯洁如芙蓉，风华绝代。

随后他对她产生爱慕之情，托水波以传意，寄玉佩以定情。然她的神圣高洁使他不敢造次。洛神终被他的真情所感动，与之相见，倾之以情。但终因人神

■《洛神赋》局部

殊途，结合无望，与之惜别。想象绚烂，浪漫凄婉之情淡而不化，令人感叹，惆怅丝丝。

二是辞藻华丽而不浮躁，清新之气四逸，令人神爽。通篇讲究排偶，对仗，音律，语言整饬、凝练、生动、优美。取材及构思，汉赋中无出其右。

三是传神的描写刻画，兼之与比喻、烘托共用，错综变化巧妙得宜，给人一种浩而不烦、美而不惊之感，使人感到就如在看一幅绝妙丹青，个中人物有血有肉，而不会使人产生一种虚无之感。

比如，在对洛神的体型、五官、姿态等描写时，给人传递出洛神的沉鱼之貌、落雁之容。同时，又有"清水出芙蓉，天然去雕饰"的清新高洁。

再如，在对洛神与之会面时的神态的描写刻画，使人感到斯人浮

文坛泰斗

文学大家与传世经典

■ 王献之 （344年—386年），字子敬。王羲之第七子。生于会稽。书法家、诗人。书法众体皆精，尤以行草著名，敢于创新，不为其父所囿，为魏晋以来的今楷、今草作出了卓越贡献，在书法史上被誉为"小圣"，与其父并称"二王"。

现于眼前，风姿绰约。而对于洛神与其分手时的描写"屏翳收风，川后静波，冯夷鸣鼓，女娲清歌"。

爱情之真挚、纯洁。一切都是这样的美好，以致离别之后，人去心留，情思不断，洛神的倩影和相遇相知时的情景历历在目，浪漫而苦涩，心神为之不宁徘徊于洛水之间不忍离去。

对《洛神赋》的思想、艺术成就前人都曾予以极高的评价，最明显的是常把它与屈原的《九歌》和宋玉的《神女》诸赋相提并论。

其实，曹植此赋兼二者而有之，它既有《湘君》《湘夫人》那种浓厚的抒情成分，同时又具宋玉诣赋对女性美的精妙刻画。

此外，它的情节完整，

■ 顾恺之 （348年—409年），字长康，小字虎头。晋陵无锡人。顾恺之博学有才气，工诗赋、书法，尤善绘画。精于人像、佛像、禽兽、山水等。与曹不兴、陆探微、张僧繇合称"六朝四大家"。他为我国传统绘画的发展奠定了基础。

手法多变和形式隽永等，又为以前的作品所不及。因此它在历史上有着非常广泛和深远的影响。

晋代大书法家王献之和大画家顾恺之，都曾将《洛神赋》的神采风貌形诸楮墨，为书苑和画坛增添了不可多得的精品。

到了南宋和元明时期，一些剧作家又将其搬上了舞台，汪道昆的《陈思王悲生洛水》就是其中比较著名的一出。至于历代作家以此为题材，见咏于诗词歌赋者，则更是多得难以数计。可见曹植《洛神赋》的艺术魅力，是经久不衰的。

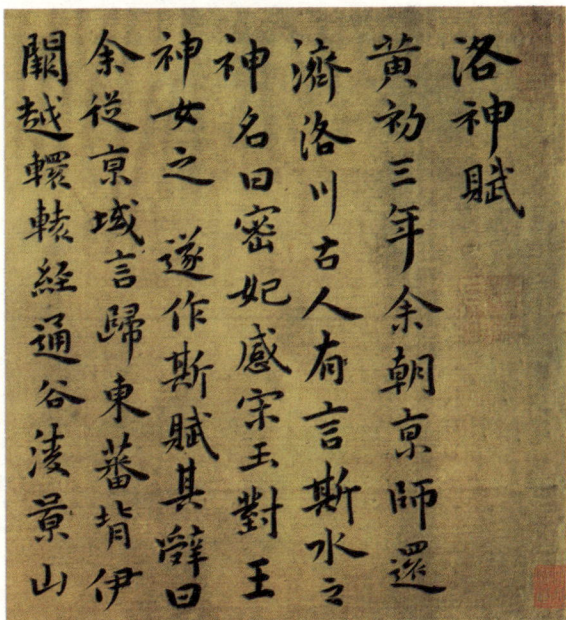

《洛神赋》书法

阅读链接

曹丕、曹植本是亲兄弟。曹植少年时就很聪明，能出口成章。曹丕当了皇帝以后，怕曹植威胁自己的地位，想迫害曹植。有一次让曹植在七步之内做成一首诗，否则就把他处死。

曹植应声而起，没走到七步就做好一首诗："煮豆持作羹，漉以为汁。萁在釜下燃，豆在釜中泣。本自同根生，相煎何太急？"

曹植用豆与萁暗指曹丕与自己是亲兄弟，应该是骨肉情深，真诚相知，但现在却是骨肉相残，表达了内心的悲愤。相传曹丕听了面有惭色。

萧统裒英集萃编文选

昭明太子像

萧统（501年—531年），字德施，小字维摩。生于南北朝时南兰陵，即今江苏常州。南朝梁代文学家。

萧统曾经被立为太子，但是他未及即位即英年早逝了，谥号"昭明"，故后世又称"昭明太子"。

主持编撰的《文选》又称《昭明文选》。是我国最早的诗文选集，我国历史上影响最深远的诗文选集，具有很高的历史价值和资料价值。

■ 文学家萧统画像

■ 梁武帝 （464年—549年），名萧衍，字叔达，小字练儿。南兰陵，今江苏省常州人。南梁政权的建立者。他在位达48年，颇有政绩，他在位晚年爆发"侯景之乱"，都城陷落，被侯景囚禁而死。谥"武帝"，庙号高祖。

萧统生来十分聪颖，2岁时被立为皇太子，3岁时受学《孝经》《论语》，5岁时通读《五经》，全都能理解和通读。515年农历正月初一，梁武帝在太极殿前早早地就给14岁的萧统加戴太子冕。

太子仪容俊美，举止优雅，读书一目数行，过目不忘。每次游玩聚宴饯行，都赋诗达十几韵，有时还作连韵，都是略加思索挥笔便成，不做任何改动。

萧统自从举行加冠礼之后，梁武帝便让他省览朝政。萧统明于各种事务，每当所奏事情有谬误和巧诈，都能自立即辨析出来。

他性格宽和容人，有一次去观看审判犯人，他仔细研究案卷之后，说："这人的过错情有可原，我来判决可以吗？"

刑官答应了，于是他就做了从轻的判决。事后，刑官向梁武帝萧衍汇报了情况，萧衍对他表示嘉许。

萧统深通礼仪，性情纯孝仁厚。16岁时，母亲病重，他就从东宫搬到他母亲的住处，朝夕侍疾，衣不解带。母亲去世后，他悲切欲绝，饮食俱废。

他父亲几次下旨劝逼，才勉强进食，但仍只肯吃水果、蔬食。他本来身材健壮，等守丧出服后已变得

加冠礼 古代男子20岁行加冠礼，表示成年。后因以"加冠"指满20岁。冠礼在宗庙中进行，由父亲主持，并由指定的贵宾为行冠礼的青年加冠，代表拥有治人、为国效力、参加祭祀的权力。

文坛泰斗

文学大家与传世经典

■ 昭明太子萧统的住处

建康 南京的古称。三国吴、东晋，以及南朝宋、齐、梁、陈先后在此建都，六朝时期我国的政治、经济、文化中心。六朝时期的建康城是世界上第一个人口超过百万的城市，在人类历史上产生了极其深远的影响。

赢瘦不堪，官民们看了，无不感动落泪。

萧统喜欢才学之士，他身边团结了一大批有学识的知识分子，经常在一起讨论文章著述问题，商讨古今事理，继而便写文章著述，已经习以为常。当时东宫藏书几乎达到3万卷之多，名人才子聚集在这里，呈现一派文学盛况，晋、宋以来未曾有过。

萧统觉得做皇帝虽然尊荣至极，但是一旦逝世，同样一无所有，只有写出好的文章才是千古之事。他喜游山水，崇尚"何必丝与竹，山水有清音"。于是，决定离开建康，到京口南郊招隐山读书撰文。

招隐山群山环抱，树木茂密，环境极为幽静。山中修竹清泉、山花烂漫，莺歌燕语，风景十分秀丽。萧统在招隐寺后半山建造了两幢楼房，一幢叫读书台，一幢叫增华阁，两幢楼房之间有天桥相连。楼房修好后，萧统将3万册图书从建康运到京口招隐山。随后，引纳才学之士，在这里一同研究文章。

南朝的统治阶级上层，大多爱好文学，并以此作为门第和身份的一种标志，因而奖励提倡，颇多建树。根据封建社会的一般情况，达官贵人主编的书籍多出于门下文人之手或至少有门下文人的参与。

萧统以太子之尊，引纳文士，当时负有重名的刘孝绰、王筠及《文心雕龙》的作者刘勰，都曾做过东宫的属官或为萧统所欣赏，这些文士中极可能有人参加过《文选》的编定。

萧统在招隐山邀游书海，辛勤工作，终于编成了30卷的《文选》稿本。这是我国现存最早的诗文选集。

《文选》共收录上起子夏、屈原，下至当时的作家共130人的作品513篇。按文体分为赋、诗、骚、诏、对问、设论、墓志、祭文等38类。

各类作品中以诗、赋两类所收作品为最多，约占全书篇幅的一半，又按内容把赋分为京都、郊祀、耕籍等15门，把诗分为补亡、述德、劝励等23门。

《文选》选录的范围，据萧统在文选序中说明，凡属经书、诸子、历史传记等一律不选，但历史传记中赞、论、

■ **陶渊明** 字元亮，一说名潜，字渊明，号五柳先生。东晋浔阳柴桑人。曾东晋末期南朝宋初期诗人、文学家、辞赋家、散文家。田园生活是其诗主要题材，相关作品有《饮酒》《归园田居》《桃花源记》《五柳先生传》《归去来兮辞》等。

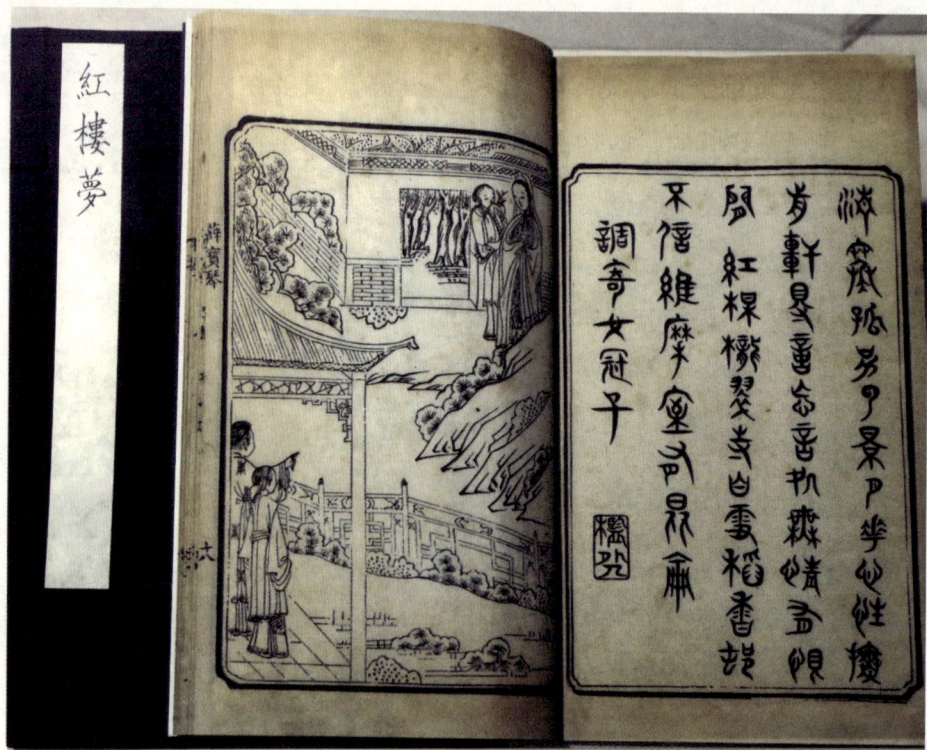

■《红楼梦》古籍

红学 主要包括曹学、版本学、探佚学、脂学，即对《红楼梦》的作者、版本、脂砚斋评以及"佚稿"的研究。自《红楼梦》诞生的那一天起，红学的研究就开始了。红学产生了许多流派，有评点派、题咏派、索隐派、考证派、解梦派、辩伪派等。

序、述却可以选录。但《文选》所选作品，其实并没有过分忽视内容。

除了选录当时不被人重视的陶渊明的8首诗以外，还选录了《古诗十九首》和鲍照的作品18篇。同时，摒弃了那些故作高深的玄言诗和放荡、空虚的艳体诗和咏物诗。这是这部书的优点。

《文选》的选文重点显然不在思想内容，而在于讲究辞藻华美、声律和谐以及对偶、用事切当这样的艺术形式。但它为文学划定了范畴，是文学发展到一定阶段的结果，对文学的独立发展有促进作用。

至于入选的作品是否值得选录，应该选录的又是否有所遗漏，后代的学者曾经有过许多不同的意见，见仁见智，众说不一。

总地来说，这部诗文总集仅仅用30卷的篇幅，就大体上包罗了先秦至梁代初叶的重要作品，反映了各种文体发展的轮廓，为后人研究这七八百年的文学史保存了重要的资料。

在我国浩如烟海的古籍之中，除了几部儒家经典以外，以一部书为学者们所研究而能成为一门学问的，只有两种：一种是"红学"，它的研究对象是《红楼梦》；一种是"选学"，它的研究对象就是《文选》。

由于《文选》本身的优点，它比起同类型其他诗文总集的影响更深远。唐代以诗赋取士，唐代文学和六朝文学又有密切的继承关系，因而《文选》就成为士人学习诗赋的范本。宋初亦以诗赋取士，《文选》仍然是士人的必读书，甚至有"《文选》烂，秀才半"的谚语。

此外，隋、唐以来，文人学者从各种角度对《文选》做了研究。据不完全统计，今天还可以见到的专著即有90种左右，其他散见的有关考据、训诂、评论更难数计。研究《文选》成为一种专门的学问，以至从唐初开始就有了"选学"这一名称。时至今日，这门学问依然长盛不衰。

阅读链接

萧统在顾山编纂《文选》时，有一天，他下山来到当时的集市古塘视察民情，偶见一秀丽的尼姑，法号叫慧如，无意中谈及释家精义，萧统见慧如才思敏慧，顿生爱慕之情，又到草庵就释家经义深淡而不舍，以后多次去草庵谈情说爱，但由于两人身份不同，终难成眷属，尼姑相思成疾而终。

萧统闻讯，痛哭不已，含泪种下红豆树，并将草庵题名红豆庵，满怀相思悲苦离去。顾山红豆树历经千年，一直长到现在，已经如虬龙老树了。

韩愈文起八代之衰

像之退韩

韩愈（768年—824年），字退之，世称韩昌黎。生于唐河内河阳，即今天河南省焦作孟州市。是唐代诗人，文学家、散文家、哲学家、思想家和政治家。唐宋古文运动的领袖。

著有《昌黎先生集》等。与柳宗元并称"韩柳"。明人推他为"唐宋八大家"之首。他以文章引领时代，有"文起八代之衰""文章巨公"和"百代文宗"之名。

■唐宋古文运动领袖韩愈画像

■ 韩愈谏佛骨壁画

　　韩愈3岁丧父，受兄韩会抚育。7岁读书，13岁能文并学习古训，并关心政治，确定了一生努力的方向。20岁赴长安应进士试，25岁登进士第。

　　之后韩愈三试博学鸿词不入选，他便先后赴汴州董晋、徐州张建封两节度使幕府任职，后至京师，官四门博士。在官场上，他因先后与宦官、权要相对抗，仕宦一直不得志。

　　韩愈一生排斥佛教，819年，他上《论佛骨表》反对唐宪宗迎佛骨入宫内供奉，他认为这样只能危害社会，不能求得长生。这下触犯了宪宗，被贬为潮州刺史。韩愈勇敢的行为，使他成为一位历史上的伟人，在我国哲学史上留下光辉的一页。

　　韩愈最为显著的是他在文学上的成就，他是"唐宋八大家"之首，被苏轼誉为"文起八代之衰，道济

唐宋古文运动
是指唐代中叶及北宋时期以提倡古文、反对骈文为特点的文体改革运动。代表性人物为唐代的韩愈、柳宗元外，宋代的欧阳修、王安石、曾巩、苏洵、苏轼和苏辙。开创了散文写作的新局面，拨正了古代散文的发展方向。

天下之溺"，他在文学史上是一座高峰。

韩愈提倡"文以载道"，即文章要有现实内容，他同情劳动人民，暴露统治阶级的罪恶，歌颂英雄人物，探讨为文之道，为受压抑的寒士鸣不平等。

他推动了古文运动的蓬勃发展，打破了魏晋以来作文在体裁、结构、技巧方面的模式，适应了经济、政治、文化发展的需要。

论说文在韩愈散文中占有重要地位。韩愈的论说文大体有三种类型：

一是以明儒道、反佛教为主要内容的长篇和中篇。如从现实的政治、经济观点着眼的《原道》《论佛骨表》，从哲学观点立论的《原性》，从传道授业角度说理的《师说》，等等。这类文章，大都格局严整、层次清晰。

二是一些嘲讽社会现状的杂文。短篇如《杂

■ 韩愈墓

说》《获麟解》，比喻巧妙，寄概深远；长篇如《送穷文》《进学解》，用东方朔《答客难》、扬雄《解嘲》的问答形式和幽默笔触，表现自己的坎坷遭遇，嘲讽社会上庸俗习气，构思奇特，锋芒毕露。

三是论述文学思想和写作经验，体裁多样，如书信体《答李翊书》《与冯宿论文书》，赠序体《送孟东野序》《送高闲上人序》等。《送孟东野序》是韩愈为好友孟郊送行而写的文章。在文中，韩愈表达了对朋友的不幸遭遇的同情，而且以自然界和人世间的大量事例，说明了"不平则鸣"的道理。作者还劝孟郊要珍惜自己的才华，字里行间中表现了对统治者不善于用人的委婉批评。

叙事文在韩愈散文中也占有很大比重。韩愈的叙事文大体有4种类型：

一是学习儒家经书，歌颂唐王朝平定藩镇叛乱的业绩。如《平淮西碑》，运用了《尚书》和《雅》《颂》的文学体裁。

二是继承《史记》历史散文传统。如《张中丞传后叙》，在刻画英雄人物形象方面，巧妙地运用了叙事、议论、抒情相融合的手法，为公认的名篇。

■ 韩愈画像

孟郊　字东野。湖州武康人。唐代的著名诗人。现存诗歌有500多首，以短篇的五言古诗最多，代表作有《游子吟》。有"诗囚"之称，又与贾岛齐名，人称"郊寒岛瘦"。张籍私谥为"贞曜先生"。

白居易 字乐天，晚号香山居士、醉吟先生。祖籍山西太原，胡族后裔，生于河南新郑。中唐最具代表性的诗人之一。作品平易近人，乃至于"老妪能解"。有《白氏长庆集》《长恨歌》《琵琶行》《卖炭翁》存世。

三是学习《史记》《汉书》而不用议论。如《试大理评事王君墓志铭》《清河张君墓志铭》等，宣扬了儒家的部分思想。

四是为友情深厚的文学家而作。如《柳子厚墓志铭》《贞曜先生墓志铭》《南阳樊绍述墓志铭》等，突出了主人公的不同特色。

韩愈的抒情文很有特色，体现在以下三个方面：

一是突破常规的祭文。如《祭十二郎文》，是韩愈抒情文中的祭文，表现骨肉深情，用散文形式写，突破了四言押韵常规。

二是四言韵语成文。如《祭河南张员外文》《祭柳子厚文》，表现朋友交谊、患难生活，是用四言韵语写的，同样是具有一定感染力的佳作。

三是有小说意味的散文。如《毛颖传》《石鼎联句诗序》之类，完全出于虚构，具有小说意味，但和当时一般传奇小说仍有区别。《毛颖传》多少带有一些作者的身世感慨，《石鼎联句诗序》被有些人认

■ 韩愈纪念园

■杜甫 （712年—770年），字子美，自号少陵野老，世称"杜工部""杜老""杜少陵"等。巩县人。唐代现实主义诗人。他忧国忧民，人格高尚。被保留的诗约有1400余首，诗艺精湛。有《杜工部集》存世。被世人尊为"诗圣"，其诗被称为"诗史"。

为是讥讽当时宰相之辞。这类作品，时人"大笑以为怪"，而柳宗元独以为奇，他也写了几篇类似的文章。

韩愈的诗有独特成就，向来被称为大家。韩诗力求新奇，重气势，有独创之功。其艺术特色有3点：

一是以文为诗，把新的古文语言、章法、技巧引入诗坛，增强了诗的表达功能，扩大了诗的领域，纠正了以往的平庸诗风。

二是表现为奇特雄伟、光怪陆离。如《陆浑山火和皇甫用其韵》《月食诗效玉川子作》一类诗，不仅奇奇怪怪，而且具有深刻的时代现实内容。这种雄奇境界也存在于不少写景诗如《南山诗》《岳阳楼别窦司直》，抒情诗如《孟东野失子》等作品中。另外，一些写景咏物诗如《山石》《杏花》，一些抒情诗如《题驿梁》等，也都具有不事雕绘、本色天然的特色。

三是有一些反映社会现实、关心政治得失、同情人民疾苦的作品。长篇如《赴江陵途中寄赠王二十补阙》，继承杜甫《自京赴奉先县咏怀五百字》《北

张籍 字文昌，世称"张水部""张司业"。和州乌江人。唐代诗人。其乐府诗与王建齐名，并称"张王乐府"。著名诗篇有《塞下曲》《征妇怨》《采莲曲》《江南曲》等。

■韩愈画像

征》的传统；短篇如《汴州乱》，接近白居易、张籍的风格。

总之，韩愈散文在风格上体现了气势磅礴，汪洋恣肆，自由奔放，感情充沛的特点。韩文的风格来自他的人格和他的文学主张，人格的浩然正气使其文章理直气壮；不平则鸣的文学主张使其文章情感强烈。

在艺术手法上体现在说理、叙事、言情上，三者在不同文体中虽有偏用，却也常有交融。在语言上精练生动，准确鲜明，流畅而多变，富于创造性和表现力。他的文章语汇丰富，既善于吸取古代的词语，又善于运用当代的语言，熔铸成古朴而新奇的语言。

韩愈作为唐代古文运动的领导者，他的文章从不同方面较为深刻地反映了中唐时期社会的重大生活，有强烈的战斗性，应该说是现实主义的优秀作品，在古文运动的实践上获得了巨大成功，并对后世的文学创作产生了深远影响。

阅读链接

古时候，韩江里的放排工做工时常常是光着膀子的，不穿衣服。每天在江边挑水、洗衣服的妇女，看见放排工赤身裸体，感到很不好意思，就告到官府，官府命放排工必须穿着衣服做工。

韩愈来到潮州得知这件事后，担心放排工成天穿着一身湿衣服会得病。于是，他便叫人到江边通知放排工：今后扎排、放排时，可以不穿衣服，只在腰间扎块布能遮羞就好了。

这块布后来就成了潮州的放排工和农民劳动时带在身上的浴布，潮州人把它叫作"水布"。

文苑大师

从五代十国至元代是我国历史上的近古时期。这一时期的宋元文苑可谓奇葩纷呈。宋代欧阳修等人继续唐代韩愈等人的道路，完成了古文运动改革，使宋代百戏杂陈，盛况空前。

宋代说唱艺术如话本的兴盛，对元代以叙事为主的杂剧具有重大意义。元代出现关汉卿、汤显祖等一大批剧作家以戏曲和散曲为代表，共同创造了元代文学的辉煌。

欧阳修以文章继往开来

欧阳修（1007年—1072年），字永叔，号醉翁，晚年又号"六一居士"；因谥号"文忠"，世称为欧阳文忠公。生于北宋吉州永丰，即今江西吉安永丰。北宋时期的政治家、文学家和史学家。北宋古文运动的代表。"唐宋八大家"之一。

后人将其与韩愈、柳宗元和苏轼合称"千古文章四大家"。代表作品有《醉翁亭记》和《秋声赋》等。

■唐宋八大家之一欧阳修画像

■ 范仲淹 （989年—1052年），字希文，世称"范文正公"。北宋著名的政治家、思想家、军事家和文学家。他为政清廉，体恤民情，刚直不阿，力主改革，屡遭奸佞诬谤，数度被贬。谥号"文正"，封楚国公、魏国公。有《范文正公全集》传世。

欧阳修4岁的时候，父亲病死，母亲带着他到叔父那里生活。欧阳修的母亲一心想让儿子读书，可是家里穷，买不起纸笔。她看到屋前的池塘边长着草，就用草秆在泥地上写字，教欧阳修认字。

幼小的欧阳修在母亲的教育下，很早就爱上了读书。他10岁时，经常到附近藏书多的人家去借书读，有时候还把借来的书抄录下来。

欧阳修长大以后到东京参加进士考试，连考三场，连中第一。他在年纪轻轻的20多岁时，文学上的声誉就已经很大了。他为官后支持范仲淹改革，曾因此被宋仁宗贬谪到滁州，即今安徽滁县。但宋仁宗鉴于他的文才，后来又把他调回京城。

作为北宋文坛的领袖、宋代散文的奠基人，欧阳修的文学成就是多方面的。

欧阳修在文学创作上的成就，以散文为最高。他一生写了500余篇散文，各体兼备，有政论文、史论文、

进士 我国古代科举制度中，通过最后一级朝廷考试的人称进士。是古代科举殿试及第者的称呼。意思是可以进授爵位的人。隋炀帝大业年间始置进士科目。唐代也设此科，凡应试者称为举进士，中试者都称为进士。元、明、清时期，贡士经殿试后，及第者皆赐出身称进士。

■ 宋仁宗 （1010年—1063年），初名受益，立皇太子时被宋真宗赐名赵祯。北宋第四代皇帝。在位41年。谥号"体天法道极功全德神文圣武睿哲明孝皇帝"。在位时内忧外困，虽一度推行"庆历新政"，但未克全功。其陵墓为永昭陵。

環滁皆山也其西南諸峰林壑尤美望之
蔚然而深秀者琅琊也山行六七里漸聞
水聲潺潺而瀉出於兩峰之間者釀泉
也峰回路轉有亭翼然臨於泉上者醉翁
太守自謂也太守與客來飲於此飲少輒
醉而年又最高故自號曰醉翁也醉翁之
意不在酒在乎山水之間也山水之樂得
之心而寓之酒也若夫日出而林霏開雲
歸而巖穴暝晦明變化者山間之朝暮也
野芳發而幽香佳木秀而繁陰風霜高潔
水落石出者山間之四時也朝而往暮而
歸四時之景不同而樂亦無窮也至於負
僂提攜往來而不絕者滁人游也臨溪而
漁溪深而魚肥釀泉為酒酒洌山
肴野蔌雜然而前陳者太守宴也酣之樂
非絲非竹射者中奕者勝觥籌交錯坐起
而喧譁者眾賓懽也頹然乎其間者
太守醉也已而夕陽在山人影散亂太守
歸而賓客從也樹林陰翳鳴聲上下游人
去而禽鳥樂也然而禽鳥知山林之樂而
不知人之樂人知從太守游而樂而不知
太守也太守謂誰廬陵歐陽修也
民國六年文石山書

醉翁亭記　歐陽修

北宋欧阳修的《醉翁亭记》

记事文、抒情文和笔记文等。他的散文大都内容充实，气势恢宏，深入浅出，精练流畅，叙事说理，娓娓动听，抒情写景，引人入胜，寓奇于平，一新文坛面目。

欧阳修的许多政论作品，如《本论》《原弊》《与高司谏书》《朋党论》和《新五代史·伶官传序》等，恪守自己"明道""致用"的主张，紧密联系当时政治斗争，指摘时弊，思想尖锐，语言明快，表现了一种匡时救世的怀抱。

欧阳修写了不少的抒情、叙事的散文，大都是情景交融，摇曳多姿的。他的《释秘演诗集序》《祭石曼卿文》和《苏氏文集序》等文，其内容多是悼念亡友，追怀往事，情深意挚，极为动人；他的《丰乐亭记》《醉翁亭记》诸作，徐徐写来，委婉曲折，言辞优美，风格清新。

不论是讽世刺政，还是悼亡忆旧，乃至登临游览之作，无不充分体现出欧阳修那种从容宽厚、真率自然的艺术个性。

欧阳修还开了宋代笔记文创作的先声。他的笔记文，有《归田录》《笔说》和《试笔》等，文章不拘一格，写得生动活泼，富有情趣，并常能描摹细节，刻画人物。其中，《归田录》记述了朝廷遗事、职官制度、社会风习和士大夫的趣事轶闻，介绍自己的写作经验，都很有价值。

欧阳修在诗歌创作方面也卓有成就。他的诗在艺术上主要受韩愈影响。《菱溪大石》《石篆》和《紫石屏歌》等作品，模仿韩愈想象奇特的诗风。

其他一部分诗作沉郁顿挫，笔墨淋漓，将叙事、议论、抒情结为一体，风格接近杜甫，如《重读〈徂徕集〉》《送杜岐公致仕》。另一部分作品雄奇变幻，气势豪放，却近于李白，如《庐山高赠同年刘中允归南康》。

欧阳修的多数作品，主要学习韩愈"以文为诗"，即议论化、散文化的特点。虽然他以自然流畅的诗歌语言，避免了韩愈的险怪艰涩之弊，但仍有一些诗说理过多，缺乏生动的形象。有的古体诗因此显得诗味不浓，但部分近体诗却比兴兼用，情景相生，

■ 欧阳修蜡像

文坛泰斗

文学大家与传世经典

意味隽永。

在内容上，欧阳修的诗有一部分反映人民的疾苦，揭露社会的黑暗，具有一定的社会意义。例如，在《答杨子静祈雨长句》中，描写了"军国赋敛急星火""然而民室常虚空"的社会现实；在《食糟民》中，揭露了官吏"日饮官酒诚可乐"，而百姓"釜无糜粥度冬春"的不合理现象。

欧阳修写诗的目的，是为了规劝统治阶级修明政治，维护封建秩序。他还在诗中议论时事，抨击腐败政治，如《奉答子华学士安抚江南见寄之作》。

其他如《明妃曲和王介甫作》《再和明妃曲》，表现了诗人对妇女命运的同情，对昏庸误国的统治者的谴责。

欧阳修写的更多的是借景抒情的文章作品，或清新秀丽，或平淡有味，多抒发诗人的生活感受。如《黄溪夜泊》中的"万树苍烟三峡暗，满川明月一猿哀"，《春日西湖寄谢法曹歌》中的"雪消门外千山

■ 欧阳修《丰乐亭记》

欧阳修王禹偁贤像

绿，花发江边二月晴"，《画眉鸟》"百啭千声随意移，山花红紫树高低；始知锁向金笼听，不及林间自在啼"，等等。

欧阳修写的诗歌风格是多样的。他提出诗"穷者而后工"的论点，发展了杜甫、白居易的诗歌理论，为宋诗的发展指明了方向，对当时和后世的诗歌创作产生了很大的影响。

欧阳修在宋初的词坛上同样占有一席重要的位置。他创作了很多词，内容大都与"花间"相近，主要内容仍是恋情相思、离情别绪、酣饮醉歌、惜春赏花之类，并善于以清新疏淡的笔触写景。《采桑子》十三首，描绘颍州西湖的自然之美，写得恬静、澄澈，富有情韵，宛如一幅幅淡雅的山水画。

由于作者对事物体察入微，看似随意写出，却是无限传神，没有炉火纯青的功夫，是不能达到这种艺术境界的。他偏重抒情的词，写得婉曲缠绵，情深语近。

例如，《踏莎行》中上下阕的最后两句"离愁渐远渐无穷，迢

文坛泰斗

文学大家与传世经典

■ 欧阳修书法

迢不断如春水""平芜尽处是春山，行人更在春山外"，通过春水春山，从思妇眼中写征人，情意深远，含蓄蕴藉，给人以新颖别致的感觉，感情亦非常深挚。

他还有一些词，虽然颓唐叹老、牢骚不平，却直抒胸臆，表现出襟怀豪逸和乐观的一面。

此外，欧阳修打破了赋体的严格的格律形式，写了一些文赋，他的著名的《秋声赋》运用各种比喻，把无形的秋声描摹得非常生动形象，使人仿佛可闻。

这篇赋变唐代赋体以来的律体、散体形式，对于赋的发展具有一定的开拓意义，与苏轼的《赤壁赋》先后媲美，千载传诵。

欧阳修是杰出的应用文大家，他不仅应用文写作颇有建树，而且对应用文理论贡献也很大。欧阳修是从文体形式、实用性质两方面来明确应用文概念的，他已把应用文当作独立的文章体裁，并构筑了应用文

王安石 （1021年—1086年），字介甫，号半山，谥号"文"，封荆国公，世人又称王荆公。北宋抚州临川，今临川区邓家巷人。北宋丞相、新党领袖。中国历史上杰出的政治家、思想家、学者、诗人、文学家、改革家。"他是唐宋八大家"之一。著作有《王临川集》等。

理论的大体框架。

欧阳修认为，应用文的特点一是为了应用，二是为了传于后世，三是简洁质朴，四是得体。此外，他对公文的贡献也很大。据后人统计，他写有公文1000篇，公文理论也很系统。当时他虽未明确上行文、平行文、下行文的概念，但为行文方向分类打下了基础。

欧阳修还荐拔和指导了王安石、曾巩、苏洵、苏轼、苏辙等散文家，对他们的散文创作产生过很大的影响。比如，苏轼就最出色地继承和发展了欧阳修所开创的一代文风。

欧阳修在我国文学史上有重要的地位。他继承了韩愈古文运动的精神，大力倡导诗文革新运动，改革了唐末到宋初的形式主义文风和诗风，取得了显著成绩。由于他在政治上的地位和散文创作上的巨大成就，使他在宋代的地位犹似于唐代的韩愈。正如苏轼在《居士集叙》中说"天下翕然师尊之"。

作为宋代诗文革新运动的领袖人物，北宋以及南宋后很多文人都很称赞他的散文的平易风格。他的文论和创作实绩，对当时以及后代都有很大影响。

阅读链接

欧阳修积极提倡改革文风。京城考试时，他认为这正是选拔人才、改革文风的好机会。在阅卷时，发现华而不实的文章一概不录取，但对那些有真才实学的人则大加赞赏。

一次，他发现有位考生名字竟与自己名字相同，就在批语后附加一句："司马相如蔺相如名相如，实不相如"。

这位考生接卷后立即对答："长孙无忌魏无忌人无忌我亦无忌"。

欧阳修看后拍手称绝，补录了这位考生。欧阳修促进了选拔人才的实用性，文人也都学着写内容真实的文章了。

关汉卿被称为"东方莎翁"

关汉卿（约1220年—1300年），号已斋、一斋、已斋叟。生于元代解州，即今山西省运城人。他是元代著名杂剧作家。是"元曲四大家"之首。他是我国古代戏曲创作的代表人物。

代表作有《窦娥冤》和《救风尘》等。其剧多揭露封建社会黑暗，表现人民的反抗精神和聪明才智。他是中国戏曲的奠基人。外国人称他为"东方的莎士比亚"！

■ "元曲四大家"之首关汉卿画像

关汉卿生活在金宋相继灭亡，元朝正在统一中国的时期。那个年代，政治黑暗腐败，社会动荡不安，阶级矛盾和民族矛盾十分突出，人民群众生活在水深火热当中。关汉卿看到这种现实，决心不走仕途这条路，而把自己毕生的精力和才华倾注于戏剧艺术。

作为受压迫的知识分子阶层的一员，关汉卿长期生活在平民百姓中间，他交结多是社会地位低贱的人，这使他对黑暗的现实有深刻的认识。

■ 关汉卿《窦娥冤》

从他写的一些散曲如《南吕·一枝花·不服老》等中可以看到，他不受传统的礼教和儒家思想的束缚，在邪恶势力到处存在的社会之中，在世态炎凉的恶劣环境之中，他具有一种傲岸不屈的精神和对生活执着的性格。他在《不服老》中，把自己比喻为一颗"铜豌豆"，就是表明了他不受世俗约束的个性及其顽强的特征。

在关汉卿反抗封建邪恶势力的戏剧作品中，《窦娥冤》最具代表性。主人公窦娥是个命运悲惨的下层社会的弱女子。

她从小死了母亲，被卖给蔡婆婆做童养媳，蔡婆

文苑大师

元曲四大家 指关汉卿、白朴、马致远、郑光祖四位元代杂剧作家。四者代表了元代不同时期不同流派杂剧创作的成就，因此被称为"元曲四大家"。但历史上还有部分人认为元曲四大家是关汉卿、王实甫、马致远和白朴。

文坛泰斗
文学大家与传世经典

官司 "官司"一词是民间从古到今的通俗说法。"官"和"司"旧时本意都指"官方""官府""官吏""掌管"等意思，因而，发生利害冲突的双方到官府或官员那里去请求裁决是非，官府或官员根据查明的事实做出裁断的整个活动，民间就称为"官司"。

婆是个放高利贷的，和独生儿子一起生活。窦娥嫁过来不久，丈夫就生病去世，这一家庭里便剩下了一老一小两个寡妇。

村中的无赖张驴儿强迫窦娥嫁给他，窦娥不愿意，张驴儿想用毒药毒死蔡婆婆来陷害窦娥，哪知道反而毒死了自己的父亲。他就反咬一口，恶人先告状，说窦娥下毒药毒死了老公公。

官司打到县里，糊涂的县官认定窦娥是凶手，要她承认是她毒死公公即张驴儿的父亲，窦娥坚决不承认，县官严刑拷打，窦娥还是不服。

县官要拷打蔡婆婆，窦娥为了免除婆婆的痛苦，宁愿自己受罪，便承认是自己毒死了张驴儿的父亲。一场冤案铸成，窦娥被判死罪。窦娥赴刑场时，下起了六月雪，把全剧推向高潮。

关汉卿的剧作很多是揭露封建社会的黑暗，表现了人民的反抗精神和聪明才智。剧情紧凑集中，人物

■ 元代《窦娥冤》古籍

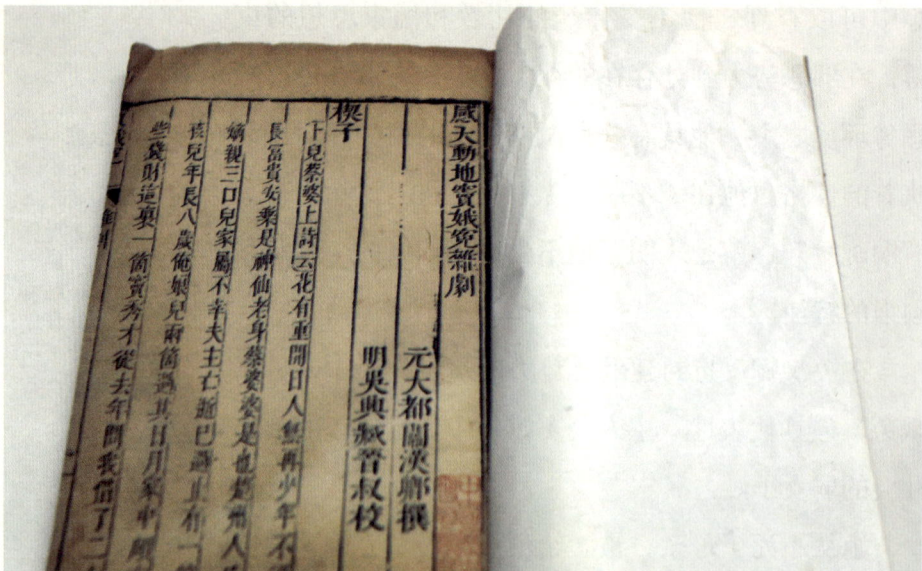

形象鲜明，语言质朴自然，十分富有表现力。

他所创作的戏剧都十分深刻再现了社会现实，充满着浓郁的时代气息，既有皇亲国戚、豪强权势的凶狠残暴，又有平民百姓、寻常人家的悲剧遭遇；既有对官场黑暗无情的揭露，又热情讴歌了人民的反抗斗争。

在关汉卿笔下，写得最栩栩如生的是些普通妇女的形象，窦娥、赵盼儿、杜蕊娘、燕燕等，她们大都出身微贱，蒙受封建统治阶级的种种凌辱和迫害。

■ 关汉卿塑像

关汉卿描写她们的悲惨遭遇，刻画了她们正直、善良、聪明、机智的性格，同时又赞美了她们强烈的反抗意志，歌颂了她们敢于向黑暗势力展开搏斗、至死不屈的英雄行为，在那个特定的年代奏响了鼓舞人民斗争的主旋律。

关汉卿又是一位散曲作家，在元代散曲史上占有重要的地位。他的散曲主要包括3方面内容：

一是描绘都市繁华与艺人生活，比较真实地反映了宋元时期杭州的景象。

二是抒发羁旅行役与离愁别绪，写得十分动人。感情丰富而深沉，没有矫揉造作的虚假成分，一扫委靡纤弱的曲风，这部分作品，和封建文人写爱情的作品大异其趣，比较真实地反映了当时平民的爱情理

散曲 是一种同音乐结合的长短句歌词。元人称"乐府"或"今乐府"。经过长期酝酿，到宋金时期又吸收了一些民间流行的曲词，尤其是少数民族的乐曲的侵入并与中原正乐融合，导致传统的词和词曲不能再适应新的音乐形式，于是逐步形成了一种新的诗歌形式散曲。

杂剧 最早见于唐代，意思和汉代的"百戏"差不多，泛指歌舞以外诸如杂技等各色节目。到了宋代，"杂剧"逐渐成为一种新表演形式的专称。杂剧有三个构成部分：宾白、唱词、科介。三者交相配合，推动剧情的发展，刻画人物的性格。

想。所谓"以健笔写柔情"，是这部分作品的特色。

三是自抒抱负的述志遣兴，常常描写主人公的生活境遇，抒发其伟大抱负。

这些堂堂正正的思想与抱负，是用极俏皮诙谐、佯狂玩世的文字来表现的，真是神韵独具，妙趣横生，活脱脱显现了一个多才多艺的戏剧家具有韧性的战斗精神。

关汉卿戏剧是我国古典戏曲艺术的一个高峰。关汉卿娴熟地运用了元代杂剧的形式，在塑造人物形象、处理戏剧冲突、运用戏曲语言等诸方面均有杰出的成就。

关汉卿的剧作把塑造正面主人公放在首要的地位。在我国文学史上，还没有一个戏曲家能像关汉卿那样塑造出如此众多而又鲜明的艺术形象。

比如，同是妓女，赵盼儿、宋引章、杜蕊娘、谢

■ 关汉卿作品人物剧照

天香等各具不同的个性；同在鲁斋郎的压迫下，都有着妻子被掠占的不幸遭遇，但中级官吏张珪和工匠李四对事件的态度就截然不同。

在《窦娥冤》《望江亭》《拜月亭》《西蜀梦》《诈妮子》等剧里，出色的心理描写打开了人物内心世界的窗扉，成为塑造主要人物形象不可缺少的艺术手段。

在处理戏剧冲突方面，关汉卿善于提炼激动人心的戏剧情节。这里有善良无辜的寡妇被屈斩而天地变色的奇迹如《窦娥冤》；有单枪匹马慑服敌人的英雄业绩如《单刀会》和《单鞭夺槊》；有忍痛送妻子去让权豪霸占的丈夫如《鲁斋郎》；有让亲生儿子偿命而保存前妻儿子的母亲如《蝴蝶梦》；有被所爱的人抛弃而被迫为他去说亲的婢女如《诈妮子》。这些情节，看来既富有传奇色彩，又都是扎根在深厚的现实土壤里的。

在运用戏曲语言方面，关汉卿是一位杰出的语言艺术大师，他汲取大量民间生动的语言，熔铸精美的古典诗词，创造出一种生动流畅、本色当行的语言风格。

近古时期

文苑大师

关剧的本色语言风格首先表现在人物语言的性格化上。如窦娥的朴素无华，赵盼儿的利落老辣，宋引章的天真纯朴，谢天香的温柔软弱，杜蕊娘的泼辣干练，皆栩栩如生，活灵活现，出神入化。

关剧本色的语言风格还表现在作者不务新巧，不事雕琢藻绘，创造了一种富有特色的通俗、流畅、生动的语言风格。《窦娥冤》中就有很多说白的段子。戏曲语言既本色又当行，具有"入耳消融"的特点。词曲念白的安排上也恰到好处，自然妥帖，不愧是当时戏曲家中一位"总编修师"的人物。

关汉卿是我国文学史和戏剧史上一位伟大的作家，他一生创作了许多杂剧和散曲，成就卓越。他的剧作为元杂剧的繁荣与发展打下了坚实的基础，是元代杂剧的奠基人。同时关汉卿也是世界名人。

近几年我国和世界各地开展了纪念关汉卿的活动。国内外很多剧院及职业剧团，都在上演关汉卿的剧本。他的剧作被译为英文、法文、德文、日文等在世界各地广泛传播。

关汉卿在我国戏剧史和世界文化史上的地位，已被大家所公认。他的创作遗产已成为民族艺术的精英，人类文化的瑰宝，全世界人民的共同财富。

阅读链接

关汉卿作品多是揭露封建官场腐败、社会黑暗，元朝统治者却认为他蛊惑民众，就下令通缉他。一天夜里，关汉卿逃走时，遇上了巡夜的捕快，但捕快因喜欢他的剧，所以很犹豫。

关汉卿看出了捕头的心理活动，便说："台上莫逞强，纵使厚禄高官，得意无非俄顷事；眼下何足算，到头来抛盔卸甲，下场还是一般人。"

捕头听出了这弦外之音，于是知趣地撤走了手下人。关汉卿不仅是反封建的戏剧艺术大师，也是沉着机智、讲究斗争艺术的勇士。

汤显祖戏曲创作不拘一格

汤显祖（1550年—1616年），字义仍，号海若、若士、清远道人。江西临川人。元末明初戏曲家和文学家。在戏曲创作方面，反对拟古和拘泥于格律。

作有传奇《牡丹亭》《邯郸记》《南柯记》《紫钗记》，合称《玉茗堂四梦》，其中以《牡丹亭》最著名。他在戏曲史上，和关汉卿、王实甫齐名，在我国乃至世界文学史上都有着重要的地位。

■戏曲作家汤显祖画像

■ 王实甫 （1260年—1316年），名德信，大都人。著有杂剧14种，现存《西厢记》《丽春堂》《破窑记》3种。《破窑记》写刘月娥和吕蒙正悲欢离合的故事，有人怀疑不是王实甫的手笔。另有《贩茶船》《芙蓉亭》两种，各传有曲文一折。

汤显祖出身书香门第，12岁的诗作即已显出才华。14岁补县诸生，21岁中举。28岁时曾作第一部传奇《紫箫记》，得到友人的合作，但未完稿，10年后改写为《紫钗记》。

汤显祖于34岁中了进士后，在南京先后任太常寺博士、詹事府主簿和礼部祠祭司主事。他目睹了当时官僚腐败，愤而上疏皇帝《论辅臣科臣疏》，弹劾朝廷要员并抨击朝政，触怒了皇帝而被贬为徐闻典史，后调浙江遂昌县任知县，一任5年，政绩斐然。却因压制豪强，触怒权贵而招致上司非议，终于1598年愤而弃官归里。

汤显祖在家居期间，心情颇矛盾。后来逐渐打消了进仕之念，潜心于戏剧及诗词创作。

汤显祖的专著《宜黄县戏神清源师庙记》，是我国戏曲史上论述戏剧表演的一篇重要文献，对导演学起了拓荒开路的作用。汤显祖还是一位杰出的诗人。其诗作有《玉茗堂全集》4卷、《红泉逸草》1卷，《问棘邮草》2卷。

在汤显祖多方面的成就中，以戏曲创作为最，其

传奇 小说体裁之一。一般指唐宋人用文言写作的短篇小说。戏剧方面的含义，是指明清以唱南曲为主的长篇戏曲，以别于北杂剧，是宋元南戏的进一步发展。

典史 官名。元始置，明清沿置，不入品阶，即"未入流"，是知县下面掌管缉捕、监狱的属官。如无县丞、主簿，则典史兼领其职。

戏剧作品传奇《牡丹亭》《邯郸记》《南柯记》《紫钗记》，合称《玉茗堂四梦》，不但为我国历代人民所喜爱，而且已传播到英、日、德、俄等很多国家，被视为世界戏剧艺术的珍品。

《牡丹亭》共55出，写杜丽娘和柳梦梅的爱情故事，其中不少情节取自话本《杜丽娘慕色还魂》。《牡丹亭》和话本相比，不仅在情节和描写上作了较大改动，而且主题思想有极大的提高。

《牡丹亭》剧情梗概是贫寒书生柳梦梅梦见在一座花园的梅树下立着一位佳人，说同他有姻缘之分，从此经常思念她。南安太守杜宝之女名丽娘，才貌端妍，从师陈最良读书。她由《诗经·关雎》章而伤春寻春，从花园回来后在昏昏睡梦中见一书生持半枝垂柳前来求爱，两人在牡丹亭畔幽会。

杜丽娘从此愁闷消瘦，于是，一病不起。她在弥

话本 也称"话文"或简称"话"。宋代兴起的白话小说，用通俗文字写成，以历史故事和当时社会生活为题材，是宋元民间艺人说唱的底本。今存话本有《清平山堂话本》和《全相平话五种》等。

■《牡丹亭》善本

■《牡丹亭》木雕

沈既济（约750年—800年），吴县（今苏州）人。唐代小说家、史学家。唐德宗时做过史馆修撰，《旧唐书》本传称他"博通群籍，史笔尤工"。沈既济著有《建中实录》十卷，旧唐书本传》及传奇文《枕中记》《任氏传》，《全唐文》录其文6篇，并行于世。

留之际要求母亲把她葬在花园的梅树下，嘱咐丫环春香将其自画像藏在太湖石底。其父升任淮阳安抚使，委托陈最良葬女并修建"梅花庵观"。

3年后，柳梦梅赴京应试，借宿梅花观中，在太湖石下拾得杜丽娘画像，发现就是梦中见到的佳人。杜丽娘魂游后园，和柳梦梅再度幽会。柳梦梅掘墓开棺，杜丽娘起死回生，两人结为夫妻。

《牡丹亭》比同时代的爱情剧高出一筹。剧中关于杜丽娘、柳梦梅在梦中第二次见面就相好幽会，杜丽娘以鬼魂和情人同居，还魂后才正式"拜告天地"成婚的描写。关于杜丽娘不是死于爱情的被破坏，而是由于梦中获得的爱情在现实中难以寻觅，一时感伤而死，也即所谓"慕色而亡"的描写，都使它别具一格，显示了要求个性解放的思想倾向和浪漫夸张的艺术手法。

《邯郸记》共30出，本事据唐代沈既济的传奇小说《枕中记》改编。曲词比较朴素。

《邯郸记》的剧情梗概是卢生一贫如洗，在邯郸道旅舍中遇道士吕洞宾授他一枕，即入梦中。卧枕时旅舍主人方蒸黄粱。

卢生在梦中得娶名门女子，中进士，当了20年宰相，封国公，食邑五千户，官加上柱国太师。他的子孙也一齐高升。一梦醒来，黄粱方熟，卢生遂悟破人生，随吕洞宾出家。

《邯郸记》描写卢生的煊赫声势，较之《枕中记》展开了更多的描绘。对卢生的卑劣手段，如倚仗妻子有钱去贿通官僚勋贵，以及中状元等刻画，更是属于汤显祖的创造。卢生享尽富贵荣华，在临死之际，还一心思念身后的赠谥和青史留名。

作品揭示和批判了封建官僚由发迹到死亡的丑恶历史。在很大程度上反映了明代官场的黑暗。这里融和着汤显祖在多年仕宦经历中和对社会的观察中所感受到的官场倾轧、科举腐败和官僚奢侈等情况。

《南柯记》共44出，本事据唐代李公佐的传奇小说《南柯太守传》改编。剧情梗概是淳于棼酒醉后梦入槐安国即蚂蚁国被招为驸马，和瑶芳公主成婚。后任南柯太守，政绩卓著。公主死后，召还宫中，加封左相。他权倾一时，淫乱无度，终于被逐。醒来却是一梦，

■汤显祖作品

被契玄禅师度他出家。

《南柯记》与《南柯太守传》相比，在描写中更多地揭露了朝廷的骄奢淫逸、文人的奉承献媚等。

《紫钗记》共53出，系据《紫箫记》改作。《紫箫记》是汤显祖的早期作品，其中的男女主角李益和霍小玉明显来自唐代蒋防的传奇小说《霍小玉传》，但情节不同。

在《紫钗记》中，作者在情节上改动数处。比如，娼妓身份的霍小玉改为良家女子；经人撮合改为李益由拾钗而识小玉；批判负心汉改为歌颂李益和小玉在爱情上的坚贞，而阻挠他们婚姻的是卢太尉；把黄衫客写成一个与宫廷有密切关系的十分有权势的人物。

《紫钗记》辞藻华丽，但也有疏隽处。"堕钗灯影"写霍小玉和李益相会时又惊又羞又喜的初恋之情，细致传神；"冻卖珠钗"写霍小玉的痴情，相当动人。"折柳阳关""玉工伤感""怒撒金钱"等文写人物心理，结合氛围衬托，也很成功。

汤显祖的文学思想是主情的，他所说的"情"又首先是包括性爱

为纪念汤显祖而修建的牡丹亭

■《牡丹亭》人物插图

之欲在内的人生欲求。在严格的封建礼教中，婚姻固不可以男女相慕的感情为先，但在一般的社会观念上，对这种"情"多少有所容忍。至于在"情"之后更深一层的性爱之"欲"，特别是女性的欲，连提起来都是"淫鄙无耻"的。

汤显祖第一次在戏剧中以明白和肯定态度指明："欲"才是"情"的基础，它是美好的、应该得到合理满足的生命冲动，并以杰出的艺术创造表现了它的美好动人。这种描绘所包含的人性解放精神，无疑要比一般的歌颂爱情来得强烈。

汤显祖在当时和后世都有很大影响。即使是认为他用韵任意，不讲究曲律的评论家，也几乎无一不称赞《牡丹亭》，如晚于汤显祖20多年的戏曲家吕天成推崇汤显祖为"绝代奇才"和"千秋之词匠"。

■ 汤显祖纪念馆

由于汤显祖的影响，明末出现了一些刻意学习汤显祖、追求文采的剧作家，后人也因之有玉茗堂派或临川派之说，实际上并不恰切。而《牡丹亭》中个性解放的思想倾向，影响更为深远，从清代的《红楼梦》中也可看出这种影响。

中华人民共和国成立后，有关部门对汤显祖的作品进行了全面认真的搜集整理，出版了《汤显祖集》。为了纪念这位伟大的戏剧家、文学家，人民政府在临川市修建了汤显祖墓园、玉茗堂影剧院。

阅读链接

汤显祖的家乡至今流传着他新婚之夜的一段轶事：新婚之夜，新娘子逗趣地对新郎汤显祖说："都说你才高八斗，我现在请你对个对子，要是对不出来，就罚你坐到天亮。"

汤显祖随即答应。汤夫人环视洞房，脱口念道："红烛蟠龙，水里龙火里化。"

汤显祖一时未得佳句，最后瞥见夫人的绣花鞋，来了灵感，高声吟道："花鞋绣凤，天边凤地边飞。"

夫人听到这绝妙下联，不禁喜形于色，立即坐起来说："好对！官人果然才高，现在恭请安睡吧！"

施耐庵开启小说创作先河

施耐庵（1296年—1371年），原名施彦端，又名肇端，一说名耳，字彦端，号子安，别号耐庵。原籍泰州海陵县或苏州吴县阊门，出生于江苏兴化。元末明初文学家。

施耐庵搜集关整理了关于梁山泊宋江等英雄人物的故事，最终写成了我国"四大名著"之一的《水浒传》，对后世小说的创作产生极深远的影响。被译成多国文字，在世界范围内传播。

■《水浒传》作者施耐庵塑像

文坛泰斗

文学大家与传世经典

■《水浒传》人物画

刘伯温 （1311年—1375年），即刘基，字伯温。青田县南田乡，今属浙江省文成县人。元末明军事家、政治家和文学家。辅佐朱元璋完成帝业，被后人比作诸葛武侯。在文学史上，刘基与宋濂、高启并称"明初诗文三大家"。谥"文成"。

施耐庵自幼聪明好学，19岁时中秀才，28岁时中举人，36岁与刘伯温同榜中进士。他曾在钱塘为官3年，因不满官场黑暗，不愿逢迎权贵，弃官回乡。

张士诚起义抗元时，施耐庵在他幕下参与谋划。后来张士诚兵败，施耐庵为避祸，浪迹天涯，漫游山东、河南等地。后隐居淮安，与弟子罗贯中撰《三国志演义》《三遂平妖传》等。他深感时政衰败，于是作《水浒传》寄托心意。

《水浒传》又名《忠义水浒传》，一般简称《水浒》。施耐庵在创作《水浒传》的整个过程中，罗贯中给予施耐庵巨大的支持和帮助。

事实上，实际参与创作者跨越了从宋元到明末的数百年，包括了民间说书人、文人、书商等，是一部世代累积型的长篇文学作品。施耐庵写完《水浒传》

后没过几年就病逝了。

《水浒传》以宋江领导的一些人如僧人鲁智深、官员如卢俊义起义为主要题材，通过梁山英雄反抗压迫、英勇斗争的一系列故事，生动地揭示了当时的社会矛盾，暴露了封建统治阶级的腐朽和残暴，揭露了当时尖锐对立的社会矛盾和"官逼民反"的残酷现实。书中共出现数百之多的人物，是世界文学史上人物最多的小说。

这里以120回本《水浒全传》为据，全书可以分为以下几个部分：一是鲁智深、林冲、武松等好汉上梁山前的个人经历；二是宋江在发配途中与各路好汉的奇遇以及最终上梁山的经历；三是宋江带领梁山进行的几场战役，招降一些好汉上梁山；四是原首领晁

发配 最即流配，是古代的一种刑罚，指先在死刑减等的罪犯或其他重犯脸上刺字，再押解到边远的地方去服劳役。有终生和永久两种。终身，规定罪犯要服役到死；永久，还要罪及子孙后代。

■ 《水浒传》竹简

文坛泰斗

文学大家与传世经典

盖去世后，宋江确立梁山首领地位以及大聚义的故事；五是大聚义后与官军的战斗以及受招安；六是征服企图进犯的辽国；七是打败割据势力田虎、王庆；八是在江南与割据的方腊作战并死伤三分之二以上。全书在悲剧且引人深思的氛围中结束。

《水浒传》的艺术成就，最突出地表现在英雄人物的塑造上。全书巨大的历史主题，主要是通过对起义英雄的歌颂和对他们斗争的描绘中具体表现出来的。因而英雄形象塑造的成功，是作品具有光辉艺术生命的重要因素。在《水浒传》中，至少出现了一二十个个性鲜明的典型形象，这些形象有血有肉，栩栩如生，跃然纸上。

作者在人物塑造上，最大特点是善于把人物置身于真实的历史环境中，扣紧人物的身份、经历和遭遇来刻画他们的性格。

■ 《水浒传》人物画

比如，林冲、鲁达虽然同是武艺高强的军官，但

■《水浒传》人物画

由于身份、经历和遭遇的不同，因而走上梁山的道路也很不一样，作者正是这样来表现了他们不同的性格特征的。

林冲禁军教头的地位，优厚的待遇，美满的家庭，使他很自然地形成了一种安于现实，怯于反抗的性格，对统治阶级的逼害一再隐忍。同时，这种经历又使他结交了四方好汉，形成了豪爽、耿直、不甘久居人下的品德。因此林冲的隐忍不同于逆来顺受。

在他"忍"的性格中，蕴藏着"不能忍"的因素，聚集着复仇的怒火。最后，他被逼上梁山，正是这种怒火的总爆发，是他性格发展的必然结果。

与林冲相比，鲁达并未遇到那样的不幸，但他在和统治阶级长期的周旋中，看透了他们荒淫腐朽的本质，加之他一无牵挂的身世，形成了他酷爱自由，

禁军教头 禁军是宋代宫廷的正规军，教头指的是操练士兵武艺的军官。禁军教头指的就是宋代军队中教练武艺的人员，有"教头""都教头"之别，单称"教头"者为一般教练，地位很低。

武松打虎

文学大家与传世经典

好打不平的性格。这种性格和当时黑暗的现实，存在着不可调和的矛盾。因此，鲁达是向整个封建统治阶级挑战而主动地走上了反抗的道路的人。

《水浒传》总是把人物放在阶级斗争的激流中，甚至把人物置于生死存亡的关头，以自己的行动、语言来显示他们的性格特征。

如"劫法场石秀跳楼"一回中这样描写："楼上石秀只就一声和里，掣出腰刀在手，应声大叫：'梁山泊好汉全伙在此！'……石秀楼上跳将下来，手举钢刀，杀人似砍瓜切菜，走不迭的，杀翻十数个；一只手拖住卢俊义投南便走。"

只此寥寥数笔，通过对石秀几个异常敏捷激活的白描，把他当机立断，临危不惧的性格表现得入木三分。作者巧妙地把人物的行动、语言和内心的复杂活动，紧紧地交融在一起，虽无静止的心理描写，却能准确、深刻地揭示出人物的内心世界。

同样以劫法场迅雷不及掩耳之势，扯住卢俊义便走。在他被捕后大骂梁中书时，道出了梁山大军即将临城的形势，这才使梁中书不敢杀害他们。透过石秀果断的行动，机智的语言，又看到了他细微的内心活动。

小说中类似这样的精彩的描写是很多的，像当林冲抓住高衙内提拳要打而又未敢下落时的微妙心理，像宋江吟反诗时流露那种壮志未酬、满腔郁闷的心情，都是通过行动、语言来表现出人物的内心世界，并进一步深化了人物性格。

对于《水浒传》的思想倾向历来有不同看法。一种观点认为《水浒传》表现的是忠义的思想。主要的代表人物是明代的李贽。

另外一种观点认为这是一部写给强盗看的书，是教人做强盗的书。主要是明朝的左懋第提出的，他认为《水浒传》教坏了百姓，强盗学宋江；并且认为如果不禁毁《水浒传》，对于世风的影响是不堪设想的。当时朝廷接受了他的建议，将《水浒传》在全国

渊薮 渊即深水，指鱼住的地方；薮即水边的草地，指兽住的地方。比喻人或事物集中的地方。引申为事物的源泉。比如，记忆是一个人所经历事物的意义的渊薮，是一个人培养真善美优良品质的源泉。

■《水浒传》人物画

各地收缴。

在我国文学史上，《水浒传》具有崇高的地位，产生了重大的影响。它刊行后不久，嘉靖间的一批著名文人如唐顺之等就盛赞它写得"委曲详尽，血脉贯通，《史记》而下，便是此书"。

小说作为一种新的文体，从此在文学领域内确立了应有的地位，开始逐步改变以诗文为正宗的文坛面貌。

从小说创作的角度来看，它奠定了我国古代长篇小说的民族形式和民族风格，为广大人民大众所喜闻乐见，形成了中华民族特有的审美心理和鉴赏习惯。

《水浒传》在盛行以后，各种文学艺术样式都把它作为了题材的渊薮。《水浒传》在世界范围内广泛流传并得到了高度评价。《大英百科全书》说，元末明初的小说《水浒传》，因以通俗的口语形式出现于历史杰作的行列而获得普遍的喝彩，它被认为是最有意义的一部文学作品。《水浒传》确是世界文学宝库中的一颗明珠。

阅读链接

明朝初年的一天，施耐庵在一座茶山上游玩时，遇见一个恶霸在强夺农夫的茶园，就赶上前去阻止。恶霸花钱雇了打手，将施耐庵的居所围住。

施耐庵坦然自若地出了门。打手们见他赤手空拳，便一哄而上。其中一个黑脸大汉，手举根铁棒挟着风声朝施耐庵的头顶劈来。

施耐庵一个"顺风扯旗"，让过了棒锋，双手抓住铁棒，同时飞起右脚，踢在大汉小腹上，那家伙便滚出一丈多远。施耐庵舞起夺来的铁棒一阵横扫，吓得那帮家伙四处逃窜。

小说巨匠

明清两代是我国历史上的近世时期。明清易代变化之大，在文学领域引起了极其强烈的震动，小说家们在雷击般的生命感悟后，铁肩担道义，妙手著文章，如罗贯中、吴承恩和曹雪芹等人，而他们的作品，则成为明清小说的巅峰之作。

随着西方文化的涌入，吴敬梓、李宝嘉和吴趼人等将文学视为社会改良的工具，创作出具有讽刺和谴责意味的小说。明清时期的小说家们，以他们的如椽巨笔，树立起我国文学史上的一座座丰碑。

罗贯中始作章回体小说

　　罗贯中（约1330年—约1400年），名本，字贯中，号湖海散人。山西太原人，一说山东东平人，也有说浙江杭州或江西吉安人。元末明初著名小说家。我国章回小说的鼻祖。

　　他一生著作颇丰，其代表作《三国演义》是我国"四大名著"之一。它的出现，标志着我国古代小说从"话本"阶段向长篇章回体过渡的完成，揭开了我国小说发展历史崭新的一页。

罗贯中塑像

■ 关羽（约160年或162年—220年），字云长，今山西运城人。东汉末年的名将。刘备起兵时，关羽跟随刘备，忠心不二，深受刘备信任。关羽乘势北伐曹魏，威震华夏。关羽去世后，逐渐被神化，被民间尊为"关公"；历代朝廷多有褒封，崇为"武圣"，与"文圣"孔子齐名。

　　罗贯中小的时候，父亲经常给他讲古代英雄人物的故事，有秦始皇统一天下，有卫青、霍去病打击匈奴，讲得最多的则是三国时的英雄关羽、赵云、张飞和诸葛亮等，这些人物在罗贯中的脑海里留下了深刻的印象。

　　罗贯中长大后，为了增长知识和阅历，他离开家乡，到了大江南北。无论他走到哪里，都能听到许多三国时期的故事，而且大家说的都不一样，这使罗贯中非常糊涂。

　　他找来一本陈寿写的《三国志》，耐心地读起来，从中他了解到三国人物的实际情况。但民间有关三国的传说却是十分精彩。罗贯中经过了长时间的摸索，决定写一部关于三国故事的书。

　　为了写好三国故事，罗贯中拜访了许多文学家和诗人，向他们请教有关三国的一些问题。他还搜集整理了大量民间传说和故事，这些都为他以后写《三国演义》打下了基础。他还特别注意向老人们请教。

　　经过3年的搜集整理，罗贯中已经拥有很多资料

霍去病（前140—前117年），河东郡平阳县，今山西临汾西南人。他是西汉武帝时期的杰出军事家，是名将卫青的外甥，任大司马骠骑将军。好骑射，善于长途奔袭。多次率军与匈奴交战，也留下了登狼居胥山筑坛祭天以告成功的佳话。

桃园三结义画像

章回体 我国古代长篇小说的一种叙述体式。其特点是将全书分为若干章节，称"回"或节。少则十几回、几十回，多则百余回。每回前用单句或两句对偶的文字作标题，称"回目"，概括本回故事内容。一回叙述一个较完整的故事段落，有相对独立性，但又承上启下。

了。他决定开始写《三国演义》，但他又开始发愁了，不知道用什么方式写。最后他采用一种前人没有用过的"章回体"方式来进行写作。历经数十载，一部巨著《三国演义》终于完成了。

《三国演义》全称《三国志通俗演义》，是罗贯中在民间传说和民间艺人创作的话本、戏曲的基础上，依据陈寿写的《三国志》和裴松之注的正史材料，加上他自己的才学和经验写成的。《三国演义》成书之后，又经后人多次增删、整理，现在最流行的是清朝康熙年间毛宗岗修改的本子。

《三国演义》讲的历史故事，从东汉末年的184年黄巾起义开始，到280年司马氏统一中国为止，描写近100年的历史故事。

不但揭露了封建帝王阶级对农民起义的残酷镇压，而且揭露了他们之间各种政治、军事和外交的激烈斗争。同时，也反映了当时人民遭受的种种苦难，以及他们反对分裂，要求统一的愿望。

几乎所有的《三国演义》的读者都有这样一个共识，即尊刘贬曹。就是尊崇蜀汉政权的刘备，贬低曹魏政权的曹操。

其实，在《三国演义》中，罗贯中对于刘备，并非简单地因为刘备姓刘，而是由于刘备集团一开始就提出"上报国家，下安黎庶"的口号，为恢复汉家的一统天下而不屈奋斗，不懈努力，被宋元以来具有民族思想的广大群众所追慕。

罗贯中对于曹操，认为他不仅不忠于刘氏王朝，是"奸雄"的典型，而且常常屠戮百姓，摧残人才，在这方面，作品对其恶德劣行的描写大多于史有据，并非有意"歪曲"。

而对曹操统一北方的巨大功绩，对他在讨董卓、擒吕布、扫袁术、灭袁绍、击乌桓等重大战役中所表现的非凡胆略和智谋，罗贯中都做了肯定性的描写，并没有随意贬低。

裴松之 字世期，南朝宋河东闻喜人，后移居江南。著名史学家，为《三国志注》作者。与裴骃、裴子野祖孙三代有"史学三裴"之称。

103

近世时期

小说巨匠

■《三国演义》故事画像

乌桓 是我国古代民族之一。亦作乌丸。乌桓族原与鲜卑同为东胡部落。其族属和语言系属有突厥、蒙古、通古斯诸说，未有定论。公元前3世纪末，匈奴破东胡后，迁至乌桓山，遂以山名为族号，大约活动于今西拉木伦河两岸及归喇里河西南地区。

同时其他如赤壁鏖兵、夷陵之战等，都写得有声有色，书中展示了曹操任人唯才、礼贤下士、诗人情怀和远大志向，比较全面地呈现了曹操复杂的人物性情和思想政治品质。也讴歌了曹魏集团的一大批文臣武将的忠义、智慧、男儿气等，所赞美的人和事并不比刘备那边的少。

罗贯中之所以这样写，其实是写作的需要。因为作者要更好地表现小说里的矛盾冲突，势必要选出两个两个对立面，使读者感到善恶分明，立场明确，有更深刻的印象。

有对立面，才能显示主人公的种种才华。而我国的读者大多喜欢这样的模式，弱小的慢慢地变强大，读者的心就越发地兴奋。这是写作的一贯模式。

此外，罗贯中因为抓住了"忠义"这个词，抓住了读者的心，才有了这样写的意向，甚至我们可以这么说，罗贯中只是在写小说，罗贯中并没有表立场。

■《三国演义》剧情插图

"尊刘贬曹"只是尊仁义道德等美好的人性美德，贬的是奸逆残暴等丑恶，并不是通常理解的政治倾向性上的"尊刘贬曹"。由此可见，"尊刘贬曹"其实只是读者自己的个人倾向。

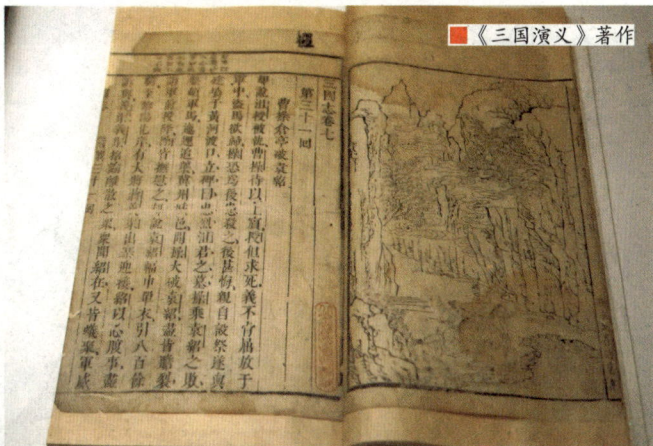
《三国演义》著作

除了对人性进行道德意义上的评判之外，《三国演义》提供了不少战争经验和各种军事科学知识，对战争的描写，是很出色的。

比如写官渡之战，先介绍两军力量的对比。袁绍兵多粮足，拥军70万。而曹操兵少粮缺，只有7万人。但是战争胜败不但决定于客观军事力量的强弱，而且还决定于主观指挥是否正确。于是，继而再攻，各个击破。

相反，袁绍自恃强大，没有利用兵多粮足的优势、结果大败而归。根本原因是指挥不当。这是一次以少胜多的典型战例。其他如赤壁鏖兵、夷陵之战等，都写得有声有色，雄伟壮阔，引人入胜。同时，也为后人提供了丰富的战略战术经验和教训。后来，很多军事将领把《三国演义》当作军事教科书来学习、运用。

在《三国演义》中，有关政治、外交、思想、道德等方面的内容，也是极为丰富的。读者从中也将获益不浅。

就文学影响而言，《三国演义》开创了历史小说的先河。自罗贯中把三国历史写成小说以来，文人纷纷效法，各取我国历史一段，写成各种历史小说。于是，在我国文学史上，历史小说便蔚然成为一大文学潮流。

《三国演义》剧情插图

火烧博望坡
徽主壬辰冬

  明代比较有名的历史小说，就有《东周列国志》《杨家将演义》《说唐》《精忠传》等。直到现在，我国几千年的历史，都已写成了各种历史小说。近几年出版的《五千年演义》等，无不是罗贯中历史演义的继承和发展。

  《三国演义》为如何写作历史小说，提供了"七分事实，三分虚构"基本经验。

  《三国演义》中的历史事件和人物，大都是真实的。黄巾起义、董卓之乱、官渡、赤壁之战等，在历史上，真有其事。汉末天下大乱，群雄并起，董卓、曹操、袁绍、刘表、刘备、孙权以及关羽、张飞、诸葛亮等，在历史上，也确有其人。这就是"七分事实"。

　　历史小说的创作，在涉及历史之时，原则上要符合历史的真实，不可杜撰或捏造。否则，就不是历史小说了。但另一方面，《三国演义》又不等于三国历史，它毕竟是一部小说。所以，其中不少内容和情节是作者虚构的，夸张的。不但历史上不存在"吴国太佛寺看新郎""献密计黄盖受刑"和"七星坛诸葛亮祭风"等事件，而且，就是对历史人物如刘备、曹操、诸葛亮、关羽和张飞等，也不是从《三国志》里照搬到《三国演义》中来。而是作者依据对人性的道德评判思想给予加工改造。有的加以美化、神化，有的加以丑化。《三国演义》中的这些人物，已是艺术典型。这就是"三分虚构"。

　　《三国演义》的构思宏伟严密，情节曲折变化而又脉络分明。它

诸葛亮画像

既以人物为中心，又描写出战争双方的战术战略，书中一些战争场面。如"三英战吕布""赵云七进七出""赤壁大战""火烧连营"等场面，让人感到惊心动魄、扣人心弦。

《三国演义》塑造了许多鲜明的人物形象。如神机妙算的诸葛亮、狡猾奸诈的曹操、鲁莽的张飞、重义气的关羽、少年老成的周瑜等都栩栩如生，至今他们的形象还生动地留在人们心中。

《三国演义》开创了我国章回体小说新纪元，为我国以历史题材为题的文学作品铺开了道路。其内容成为百姓们茶余饭后的精彩故事，影响民俗文化，其中有些内容可用来教育后代。

总之，《三国演义》是一部艺术性很高的作品。但它也有种种不足。如否定农民起义的错误立场，封建迷信，等等。然而它毕竟是一部伟大的文学名著，罗贯中也因此获得了在我国文学史上的重要地位。

阅读链接

施耐庵在写《水浒传》时，他每写出一回，先交给罗贯中阅读，并虚心听取意见。罗贯中也总是坦诚相待，反复斟酌其中的章节，仔细推敲文字，向施耐庵提出修改和补充见解。

当施耐庵遇到写不下去的故事情节时，便找到罗贯中一起商讨。当时在外人看来，罗贯中只是施耐庵患难与共的家人，而实际上，他们是推心置腹的益友。

在《水浒传》创作的整个过程中，罗贯中付出了辛勤的劳动，给予施耐庵巨大的支持和帮助。

吴承恩托神魔鬼怪言志

吴承恩（1501年—1582年），字汝忠，号射阳山人。生于淮安府山阳县，即今江苏省淮安市楚州区。明代杰出的小说家。

在吴承恩一生创作的大量作品中，成就最突出者当属我国"四大名著"之一的《西游记》，书中创造的神怪世界，在中外享有很高的声誉。《西游记》的出现，开辟了神魔长篇章回小说的新门类。

■《西游记》的作者吴承恩画像

吴承恩出生于一个小商人家庭，祖上曾做过小官，到他父亲吴锐时，家道已中落，只能靠做些小本生意维持生活。少年吴承恩天资聪颖、机智善辩，据说他读书一目十行，过目不忘，还写得一手好文章。

吴承恩少时还有一个不同于其他孩子的特点，就是他特别喜欢神仙鬼怪、狐妖猴精一类的故事。他经常瞒着父母看一些《玄怪录》之类的野史小说。这些经历对他创作《西游记》有着不可低估的影响。

步入青年时代的吴承恩，科场一再失意，这位誉满乡里的才子，因此经受了很大的精神压力和社会压力。他变得狂放不羁，轻世傲物，对科举制度产生了明显的不满情绪。

1550年，吴承恩被淮安府呈为贡生，但进京选官又空手而归。他后来曾做过两年小官，最后罢官回到淮安。经过深思熟虑，他选择了写作，这是他早就有的愿望，现在终于可以实施了。

《西游记》所写的唐僧取经故事，是由玄奘的经

文坛泰斗

文学大家与传世经典

野史 一般被认为是指古代私家编撰的史书，与官修的史书不同的另一种史书，是与"正史"相对而言的。正史的史料更可靠、更权威也更可信，但由于封建的正统观念及其他种种原因，也删去了一些本该记入正史的事情。这些事情，便成了野史。

历演绎成的。627年，唐太宗主政时的和尚玄奘不顾禁令，偷越国境，费时17载，经历百余国。只身一人前往天竺，即印度取回佛经657部。

玄奘向其弟子辩机口述西行见闻，并由辩机整理写成《大唐西域记》。为了宣传佛教并颂扬师父的业绩，弟子们不免夸张其词，并插入一些带有神话色彩的故事，如狮子王劫女为子、西女国生男不举，迦湿罗国"灭坏佛法"等。此后取经故事即在社会上广泛流传，越传越离奇。

在《独异志》《大唐新语》等唐人笔记中，取经故事已带有浓厚的神奇色彩。到了南宋的说经话本《大唐三藏取经诗话》中，又把各种神话与取经故事串联起来，出现了猴行者的形象。

猴行者原是"花果山紫云洞八万四千铜头铁额猕猴王"，化身为白衣秀士，来护送三藏。他神通广大、足智多谋，一路杀白虎精、伏九馗龙、降深沙神，使取经事业得以"功德圆满"。这是取经故事的中心人物由玄奘逐渐变为猴王的开端。

猴行者的形象源于我国古代的志怪小说及《吴越春

志怪小说 是我国古典小说形式之一，以记叙神异鬼怪故事传说为主体内容，产生和流行于魏晋南北朝。志怪，就是记录怪异，主要指魏晋时代产生的一种以记述神仙鬼怪为内容的小说，也可包括汉代的同类作品。

■ 辩机 大概15岁出家，师从大总持寺著名的萨婆多部学者道岳，后因高阳公主相赠之金宝神枕失窃，御史庭审之时发案上奏，传高阳公主与其于封地私通，唐太宗怒而刑以腰斩。

秋》《搜神记》《补江总白猿传》等书中的白猿成精作怪的故事。而《古岳渎经》中的淮涡水怪无支祁的"神变奋迅"和叛逆性格同取经传说中的猴王尤为十分接近。

书中的深沙神则是《西游记》中沙僧的前身，但还没有出现猪八戒。由宋至明，取经故事也经常出现在戏曲舞台上。

宋元南戏有《陈光蕊江流和尚》，金院本有《唐三藏》，元代有《唐三藏西天取经》杂剧，元末明初有《二郎神锁齐天大圣》和《西游记》杂剧。也就是说，在吴承恩创作《西游记》以前，取经故事已经以各种形式在社会上广为流传。

吴承恩就是以当时广泛流行的唐僧取经的故事作为主题，参照我国古代其他神话故事和他在现实中搜集到的"神怪"故事，运用天才的想象力，将它们创

南戏 北宋末至元末明初在南方最早兴起的戏曲剧种，我国戏剧的最早成熟形式之一。南戏有多种异名，南方称戏文，明清间亦称传奇。其音乐南曲则是一种重要的戏曲声腔系统，为其后的许多声腔剧种的兴起和发展，提供了丰富的营养，在我国戏曲艺术发展史上，具有重要意义。

■《西游记》中唐僧师徒的雕塑

■ 吴承恩故居

造性地组合，终于完成了我国神话巨著《西游记》。

《西游记》全书分为三大部分。前七回是全书的引子部分，一边安排孙悟空出场，交代清楚其出身、师承、能耐、性情；一边通过孙悟空在天、地、冥、水四境界穿越，描绘四境界风貌，建立一个三维四境界立体思维活动空间。

八至十二回写的是唐僧出世、唐太宗入冥故事，交代了去西天取经缘由。十三至一百回写孙悟空、猪八戒、沙悟净、小白龙保护唐僧西天取经，历经九九八十一难，到达西天，取得真经，修成了正果。

《西游记》向人们展示了一个绚丽多彩的神魔世界，人们无不在作者丰富大胆的艺术想象面前惊叹不已。然而，任何一部文学作品都是一定社会生活的反映，作为神魔小说杰出代表的《西游记》亦不例外。

神魔小说 鲁迅在《中国小说史略》中首次提出"神魔小说"的概念，该类小说在明清时期较为兴盛。其语言风格不拘一格，想象力丰富，背景或为虚幻或为海外某地假托，综合宗教、神话等民间喜闻乐见的形式，因此至今广为传颂。

《西游记》插图

　　正如鲁迅先生在《中国小说史略》中指出，《西游记》"讽刺揶揄则取当时世态，加以铺张描写"。又说，"作者禀性，'复善谐剧'，故虽述变幻恍惚之事，亦每杂解颐之言，使神魔皆有人情，精魅亦通世故"。的确如此。

　　通过《西游记》中虚幻的神魔世界，我们处处可以看到现实社会的投影。而作者对封建社会最高统治者的态度也颇可玩味，在《西游记》中，简直找不出一个称职的皇帝；至于昏聩无能的玉皇大帝、宠信妖怪的车迟国国王、要将小儿心肝当药引子的比丘国国王，则不是昏君就是暴君。

　　玉皇大帝手下十万天兵天将，竟然抵不过孙猴子一条金箍棒，而让真正的贤才去当不入流的马夫，其统治之昏暗，虚弱，不言而喻。

　　如来佛祖所创佛教，僧人自然不能以钱财所迷，可是佛祖竟然默许手下人收取贿赂，而《西游记》一路上妖魔鬼怪，多与神佛有瓜葛，如青牛精是太上老君坐骑，金银角大王是太上老君的童子，狮驼岭三魔王均与文殊，普贤菩萨甚至如来佛祖有关系。这反映封建社会官官相护的黑暗情景。

对于这些形象的刻画，即使是信手拈来，也无不具有很强的现实意义。《西游记》不仅具有较深刻的思想内容，艺术上也取得了很高的成就。

《西游记》以丰富奇特的艺术想象、生动曲折的故事情节，栩栩如生的人物形象，幽默诙谐的语言，构筑了一座独具特色的《西游记》艺术宫殿。

《西游记》在艺术上的最大成就是成功地创造了孙悟空这个不朽的艺术形象。

孙悟空是《西游记》中第一主人公，是个非常了不起的英雄。他有无穷的本领，天不怕地不怕，具有不屈的反抗精神。

他有着人性、神性和猴性三重特点。大英雄的不凡气度，对师父、师弟有情有义。也有爱听恭维话的缺点，机智勇敢又诙谐好闹，是为人性；毛脸雷公嘴，山大王则是猴性；而七十二变，一个跟头十万八千里，则是神性。

孙悟空最大的特点就是敢于战斗。他与至高至尊的玉皇大帝敢斗，从而叫响了"齐天大圣"

小说巨匠

美猴王

■《西游记》插图

如来佛 即释迦牟尼，原名乔达摩·悉达多。古印度释迦族人，生于古印度迦毗罗卫国，佛教创始人。他成佛后被称为释迦牟尼，尊称为佛陀。在民间信仰中信徒也常称呼其为佛祖。在佛教中记载着农历的四月初八是佛教释迦牟尼佛的诞辰日。

的美名；与妖魔鬼怪敢斗，火眼金睛决不放过一个妖魔，如意金箍棒下决不对妖魔留情；与一切困难敢斗，决不退却低头。这就是孙悟空，一个光彩夺目的神话英雄。

大闹天宫的桀骜不驯，与西天取经相比似乎改变许多，其实悟空的个性仍然没有变，比如，在骗取妖怪的两件宝物，让玉帝派人装天，威胁道："若不从，即上灵霄宝殿动起刀兵。"

在得知妖怪是观世音菩萨所派，咒她"活该一世无夫"，对如来佛祖更是以"妖精的外甥称呼"。孙悟空，这么一个不"听话"，不为强势屈服的硬汉子，跃然纸上。

《西游记》自问世以来在我国及世界各地广为流传，被翻译成多种语言。《西游记》是从高丽末期开始传入韩国的。

如今，韩国的《西游记》研究虽不能算是活跃，但也始终没有间断过，不但有关于《西游记》的学术研究成果，而且韩国人对《西游记》的翻译出版也怀有极大的兴趣。在日本也出现了以孙悟空为主角的文艺作品。

《西游记》不仅传入亚洲国家，在欧美产生广泛的影响。欧美一些重要的百科全书，如《英国大百科全书》在评介《西游记》时写道：

　　十六世纪中国作家吴承恩的作品《西游记》，即众所周知的被译为《猴》的这部书，是中国一部最珍贵的神奇小说。

《美国大百科全书》写道：

　　在十六世纪中国出现的描写僧人取经故事的《西游记》，被译为《猴》，是一部具有丰富内容和光辉思想的神话小说。

吴承恩写的《西游记》第一回《猴王出世》，被选进了人教版语文五年级下学期第二十一课中。《三打白骨精》被选为苏教版六年级第八课。还有，《花果山拥立美猴王》入选沪教版语文六年级下学期课中。《孙悟空棒打白骨精》也入选沪教版语文六年级下学期课中。《火焰山宝扇灭火焰》选入沪教版语文下学期课中。

阅读链接

　　新野的猴戏历史悠久，源远流长。在这里做过县令的吴承恩也对这猴戏无比钟爱，而且入耳入脑，了如指掌。

　　《西游记》中大量地运用了新野的方言，如新野人称"饺子"为"扁食"，称动物"不安静"为"骨冗"，等等，此类方言在《西游记》中比比皆是，足见吴承恩对新野的民间习俗了解之深。

　　也许，因为有了他对新野猴戏细致入微的观察，有了新野猴戏中活灵活现的猴子情态，才有了神话力作《西游记》中招人喜爱的猴王形象。

曹雪芹创清代小说巅峰

曹雪芹（约1715年—约1764年），名沾，字梦阮，号雪芹，又号芹溪、芹圃。故里有四，河北丰润，辽宁辽阳、铁岭，江西武阳，尚无确切定论。清代小说家。

曹雪芹所著的《红楼梦》是清代小说巅峰之作，是我国"四大名著"之一，被译成英、法、德等23种世界文字。由研究此书的思想文化、作者原意等而形成的"红学"，产生了广泛的世界性影响。

■《红楼梦》的作者曹雪芹画像

■ 《红楼梦》人物
插图

　　曹雪芹出身于一个百年望族的大官僚地主家庭，少年时代过着富贵奢华的生活。先世原是汉人，后为满洲正白旗"包衣人"，曹雪芹因此成为旗人。在雍正初年，由于封建统治阶级内部政治斗争的牵连，曹家遭受一系列打击，从此一蹶不振，日渐衰微。

　　经历了生活中的重大转折，曹雪芹深感世态炎凉，对封建社会有了更清醒、更深刻的认识。他蔑视权贵，远离官场，过着贫困如洗的艰难日子。

　　晚年，曹雪芹移居北京西郊，生活更加穷苦，"满径蓬蒿""举家食粥"。他以坚韧不拔的毅力，专心致志地从事《红楼梦》的写作和修订。后来幼子夭亡，他陷于过度的忧伤和悲痛，卧床不起。1764年，终于因贫病无医泪干而逝世。

　　《红楼梦》的版本有两个系统，一个是仅流传80回的脂评抄本系统；一个是程伟元、高鹗整理补缀的

包衣人　清代八旗组织内部的一种封建人身领属制度，它是我国古代封建主仆制度的延续，体现了封建等级社会中臣仆与领主之间的人身隶属关系。在满语中，包衣人被读作"包衣阿哈"，本意为"家里的仆人"，指清代满洲贵族家中豢养的仆人属民。

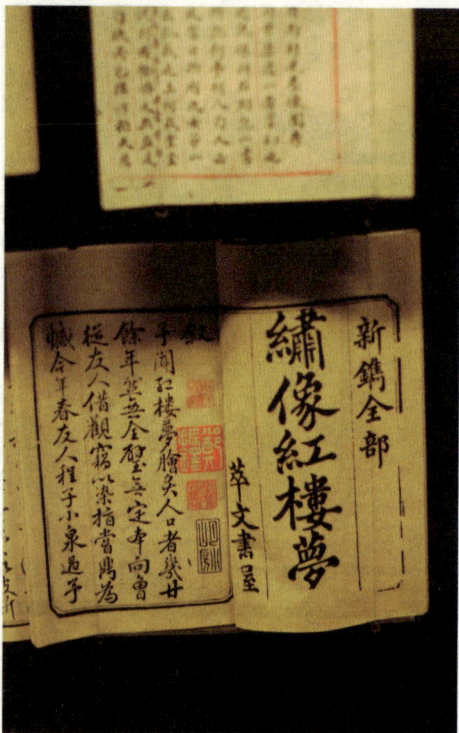

■《红楼梦》书籍

高鹗 （约1738年—约1815年），字兰墅，一字云士。因酷爱小说《红楼梦》，别号"红楼外史"。汉军镶黄旗内务府人。祖籍铁岭，先世清初即寓居北京。清代文学家。专家考证后普遍认为，高鹗续《红楼梦》的说法已经被抛弃。

120回印本系统。1982年人民文学出版社出版的《红楼梦》120回校订注释本，是一种较为完善的新的读本。

《红楼梦》的前80回，早在曹雪芹去世前10年左右就已经传抄问世，至于《红楼梦》一书的后半部分，2010年人民文学出版社新版署名"曹雪芹著、无名氏续"，标志着以前的"高鹗续书说"已经被抛弃。

《红楼梦》又名《石头记》《情僧录》《风月宝鉴》《金陵十二钗》等。它以贾、王、史、薛四大家族为背景，以贾宝玉和林黛玉的爱情故事为主线，主要围绕两个主要人物的感情纠葛，描写了大观园内外一系列青年男女的爱情故事。

同时，通过对这些爱情悲剧产生的社会环境描绘，牵涉到封建社会政治法律、宗法、妇女、道德、婚姻等方面的问题，昭示了封建社会末期的世态，暴露了封建贵族阶级及其统治的腐朽与罪恶，歌颂了追求光明的叛逆人物，通过叛逆者的悲剧命运展现了穷途末路的封建社会终将走向灭亡的必然趋势。

《红楼梦》被誉为"中国封建社会的百科全书"。这部不朽巨著之所以获得如此高的评价，首先，因为它展现了封建末世的社会悲剧、封建大家族的天伦悲剧、封建知识分子的人生悲剧和知识女性的命运悲剧，具有深刻的思想内涵。

其次，因为它取得了极高的艺术成就，代表了我国古典小说艺术最高峰。

《红楼梦》是我国最优秀的一部古典小说，也是世界文库中之瑰宝。对于这样优秀的一部作品，它的艺术特色固然有很多，不能一一说明，这里只就几点艺术特点加以说明。

《红楼梦》在艺术上取得了辉煌的成就。它的一个最重要的特点是，它的叙述和描写就像生活本身那样丰富、深厚、逼真、自然。

《红楼梦》的世界是作者在生活的基础上虚构出来的，那环绕着贾宝玉、林黛玉和薛宝钗的大大小小

古典小说 也就是古代小说。古代小说的特点是，注意人物行动、语言和细节的描写；情节曲折，故事完整；语言富于个性化；叙述时常是说书人的叙述口气，如"看官听说""且把闲话休提"等。为了需要而设置的巧合，更是古代小说的特色之一。

■《红楼梦》人物画

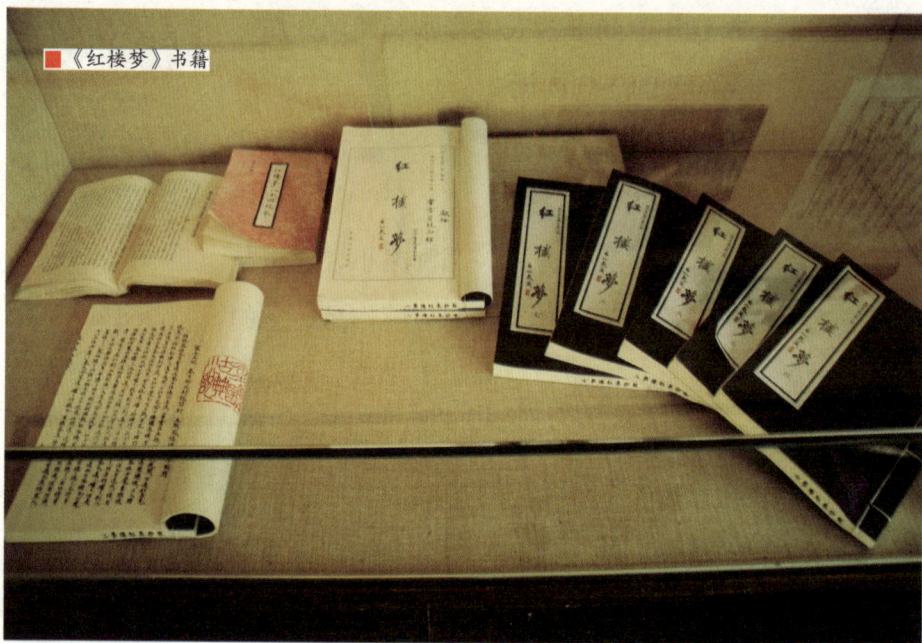
《红楼梦》书籍

文坛泰斗

文学大家与传世经典

不同阶级和阶层、不同年龄和性别、不同姿容和性格的几百个人物，以及他们互相之间在不同层次和不同方面所发生的依存和矛盾的关系。那环绕着贾、林、薛的爱情婚姻像辐辏式展开的众多事件，以及

《红楼梦》人物

踏雪寻梅
源自《红楼梦》中的故事，取意于"芦雪亭争联即景诗"的情节，描绘"琉璃世界白雪红梅"中，雪中的宝琴在栊翠庵折梅，手执红梅楚楚动人的人物形象。

他们之间互相勾连又互为因果的复杂关系，都像是浑然天成，一点不见人工斧凿的痕迹。

曹雪芹写人物完全打破了"好人一切都好，坏人一切都坏"的写法，他写的人物都植根在社会生活环境和各自具体境遇之中，都活动在纵横交错的复杂的社会关系之中，其性格受着多种客观因素的影响和牵制，包含着复杂的甚至相互矛盾的因素，表现出多方面的特点。

但是这种性格的多样性又有机地统一在主导方面，这样与环境交融的性格不会是凝固的，它在主导方面的支配下随着环境的变化而发展着。

作者着笔稍多的人物，在他们各自的位置上都有一个以自己为中心的世界，然而他们又不是孤立的偶然的存在。

所有的人物，包括中心人物、主要人物和陪衬人物，作者都是总揽全局，按照小说主题的需要和生活的逻辑进行了独具匠心的安排，使得每一个人的安排都尽量地发挥多方面的作用，显示出丰富的内容和深厚的意义，而彼此又处处关合照应，紧紧围绕中心集结成为一体。这样，《红楼梦》就完全打破了传统小说的单线式结构，它以贾宝玉为中心人物，以贾、林、薛爱情婚姻纠葛为贯串线索。但作

■《红楼梦》人物插图

■曹雪芹故居

者不像通常的单线结构方式那样把与中心情节有关的各种社会关系弃置不顾，专一去描写中心的人物和事件。而是把中心的人物和事件放在错综复杂的环境中，与生活环境中的各种矛盾线索齐头并进，并且揭示出中心情节和其他各种情节之间的内在联系。因而《红楼梦》展现的情节就像生活本身那样，具有多层次多方面的特点。

《红楼梦》在艺术表现上普遍地运用对比手法。作者安排了鲜明对照的两个世界：一是以女性为中心的大观园，这是被统治者的世界；一是以男性为中心的社会，这是统治者的世界。

大观园以贾宝玉、林黛玉和一群处在被压迫地位的丫鬟为主，包括年轻的小姐们在内，是一个自由天真、充满了青春的欢声笑语的女儿国。而与之对立的男子世界，则在权威和礼教的外衣下，处处都是贪婪、腐败和丑恶。

《红楼梦》人物

这男子世界以男性统治者为中心，还包括掌权的贵族妇人贾母、王夫人、王熙凤等人以及执行统治者使命的老妈子如王善保家的之流。

在大观园女儿国之中，以各个人物的主观思想又分明形成两股对峙的势力：贾宝玉、林黛玉、晴雯、芳官等人追求个性自由，背离封建礼教；薛宝钗、袭人等人自觉地维护封建礼教。

　　这两种势力的斗争反映了当时社会上的初步民主主义思想与封建社会的矛盾。但是薛宝钗、贾探春、袭人等又不同于一般的统治者，尽管她们在主观上站到了封建势力的一边，但由于她们自身受人摆布的社会地位和实际得到的悲剧结局，也和薄命的其他女子一样，程度不同地令人由衷感到同情。

　　作者把这两个世界对比着写，还常常拿一个人对两件事的不同态度对比，拿两个人对同一件事的态度对比，在对比中揭示人物灵魂深处的隐秘，表达作者的爱憎倾向。

　　《红楼梦》善于处理虚实关系，做到了虚实结合。它实写而不浅露，虚写而不晦暗，有虚有实，虚实相互照应、相互补充，创造出一个含蓄深沉的艺术境界。

　　作者始终不肯直接描写贾家冷遇林黛玉。但作者通过袭人的口具体描画了史湘云寄居婶母家的境遇，直接描写了中秋之夜被冷落在团圆宴席之外的三个孤女，在冷月寒塘的凹晶馆的吟诗联句描写了她们3人的孤寂和悲苦。

通过这些实笔，可以想象林黛玉的处境，林黛玉自言"一年三百六十日，风刀霜剑严相逼"，一点也不夸张，它真实地表现了环境的险恶以及她在险恶的环境中的感受。

作者很善于运用"春秋笔法"，也就是曲折而意含褒贬的文笔。比如，写王夫人对林黛玉的憎恶，就写得十分含蓄。

《红楼梦》一书问世后，产生了跨越时空的巨大的影响。《中国大百科全书》评价说，红楼梦的价值怎么估计都不为过。《大英百科》评价说，《红楼梦》的价值等于整个的欧洲。

《红楼梦》是一部大书。有评论家这样说，几千年

春秋笔法 也叫"春秋书法"或"微言大义"，是我国古代的一种历史叙述方式和技巧。顾名思义，一种笔法而已。春秋笔法以合乎礼法作为标准，既包括不隐晦事实真相、据事直书的一面，也包括"为尊者讳，为亲者讳，为贤者讳"的曲笔的一面。

■ 《红楼梦》人物蜡像

曹雪芹画像

的中国文学史，假如我们只有一部《红楼梦》的话，它的光辉也足以照亮古今中外。此外，在学术研究领域中，也形成了声势浩大的"红学"。

在经历了200多年风风雨雨之后，"红学"不但没有衰微，反而更为兴盛，这足以说明《红楼梦》所具备的艺术价值。

曹雪芹是一名世界文学大师，在文坛上享有着崇高的国际声誉。在世界大文学家的排名表上，他与莎士比亚、巴尔扎克、狄更斯、托尔斯泰齐名并排，万古流芳。

阅读链接

曹雪芹他晚年的生活贫苦困顿，极其艰难，靠卖画和亲友的接济过日子。在这种状况下，曹雪芹仍以顽强的毅力继续写作《红楼梦》。

曾有一个传说提到，曹雪芹写书时，没有钱买纸，就把旧年的皇历拆开，字写在皇历的背面。就是在他身处危险的情形下，也没有停止过写作。

"字字看来皆是血，十年辛苦不寻常！"没有一定的胆量、信心、毅力，在如此艰难的环境里要写出这部"怨世骂时之书"是不可能的。

蒲松龄抒发孤愤著聊斋

■ 蒲松龄塑像

蒲松龄（1640年—1715年），字留仙，一字剑臣，别号柳泉居士，世称聊斋先生，自称异史氏。生于山东省淄博市淄川区洪山镇蒲家庄。

蒲松龄的短篇小说集《聊斋志异》，被世人称为"孤愤之书"，郭沫若曾评价说："写鬼写妖高人一等，刺贪刺虐入骨三分。"老舍也评价过蒲氏"鬼狐有性格，笑骂成文章"。蒲松龄也被称为"世界短篇小说之王"。

■ 《聊斋志异》故事插图

蒲松龄自幼聪慧好学，19岁时连中县、府、道三个第一，以后却连试不第。他只做过半年县衙幕僚，其余的生活主要是读书、教书、著书。当时封建文化教养、塾师职位，使他的思想比较保守，直到71岁时才成岁贡生，还要请求县令挂匾。

由于蒲松龄穷愁潦倒的一生，使他对科举制度的腐朽、封建仕途的黑暗有深刻的认识。他一生除一度游幕苏北外，大部分活动不出于淄邑和济南之间。

但他接触和交游的人物却非常广泛，他的秀才出身以及出外做幕僚和塾师的生活，使他接触了大量的统治阶级人物，他长期居住农村和家境的贫困又使他与下层人民保持密切的联系。

因此，他对封建社会的种种人物，上自官僚缙

岁贡生 明清的时候，每年或两三年从各府、州、县学中选送生员升入国子监就读，成为岁贡。如此录用的读书人便是"岁贡生"，意为保送生。明清两代，贡生有不同的称呼：明代有岁贡、选贡、恩贡和纳贡；清代有恩贡、拔贡、副贡、岁贡、优贡和例贡。

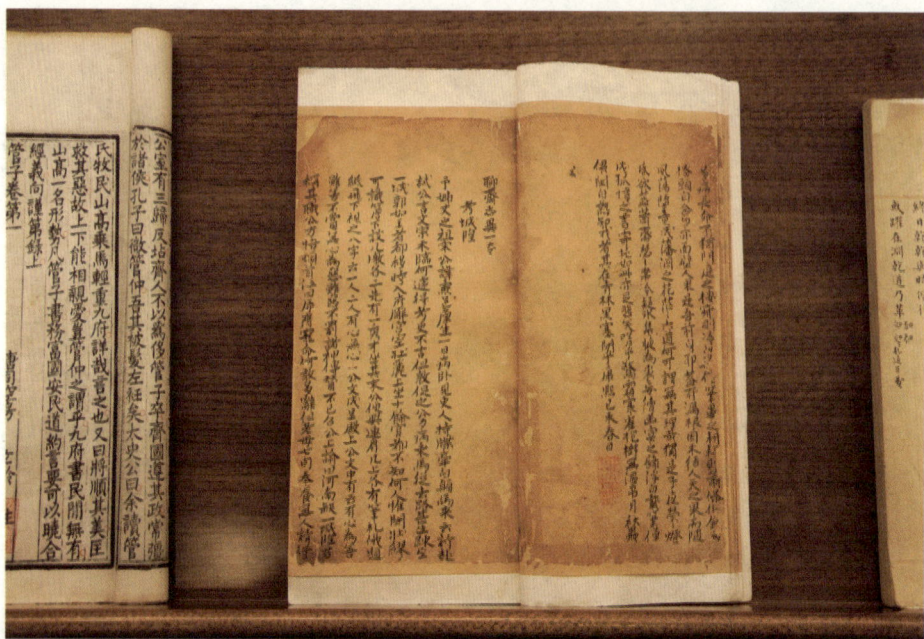

文坛泰斗

文学大家与传世经典

《聊斋志异》的各种版本

俚曲 通俗的歌曲。也叫"俗曲"。蒲松龄的出生地淄川是明清俗曲重要流布地区之一。蒲松龄集一生完成了15部俚曲的创作。无论是在文学方面，还是在音乐方面，这些俚曲均具有极高的价值。聊斋俚曲曲目有《耍孩儿》《玉娥郎》《粉红莲》《叠断桥》等。

绅、举子名士，下至农夫村妇、婢妾娼妓，以及蠹役悍仆、恶棍酒徒、僧道术士等的生活方式、精神面貌和命运遭际，无不具有细致的观察和深刻的了解。这种丰富的生活阅历和上述的进步思想，为他的创作奠定了深厚的生活基础。

蒲松龄才华横溢，兴趣广泛，在创作上作过多方面的尝试、探索，著述颇多。诗、词、骈、散、杂论、婚丧嫁娶应时应景文字，无所不写。计有文400余篇，诗900余首，词100余阕，杂著数种，戏3出，通俗俚曲15部。而使他垂名于世的，则是一部文言文短篇小说集《聊斋志异》，其中收短篇491篇。

从思想内容上看，《聊斋志异》反映了我国封建社会后期一位正直的农村中下层知识分子对现实的体察、感受以及他的是非观和审美情趣。在暴露社会黑暗，鞭挞丑恶现象，或是在昭示现实中人的美好品格、情操和理想方面，都达到了新的历史高度。

首先，揭露了官府黑暗，官贪吏虐，豪绅为富不仁的现实，展示了封建社会末期政治的腐败，国家机器衰朽的景象。如《席方平》《促织》《梦狼》《红玉》诸篇，有的直指朝廷和皇帝，触及重大的政治问题，表现出了作者对现实的深刻认识。

其次，对科举弊端的批判，其中多数篇章揭露了考官的昏庸和考试舞弊风。如《贾奉雉》《司文郎》等，嬉笑怒骂，妙趣横生，辛辣之极，有些篇章揭露了科举制度对读书人的毒害。如《王子安》《叶生》等，虽格调不同，或显示其可笑可鄙，或显示其可怜可悲，但都开掘甚深。

最后，赞美纯真的爱情，讴歌美好的心灵。书中描写爱情、婚姻、家庭生活的篇什最多，而其中最使读者感兴趣的是那些人间男子与狐鬼花妖之女相亲近，相爱恋，相婚配的故事。

那些狐鬼花妖幻化的少女，虽性格各异，但大都秀外慧中，善良无私，不图富贵，不慕权贵，以才德取人，爱其所当爱者，且历经患

《聊斋志异》插图

难灾祸而不渝。

她们来去自如、随心所欲，而且没有封建礼教戒规所造成的拘泥、矫情、虚伪、死气沉沉等弱点，这与本书中所写的现实社会的妇女迥异，与作者所信奉的道德观念大相径庭。

从艺术成就上看，《聊斋志异》代表着我国文言短篇小说的最高成就。它博采我国历代文言短篇小说以及史传文学艺术精华，运用了浪漫主义的创作方法，造奇设幻，描绘鬼狐世界，从而形成了独特的艺术特色。

首先，蒲松龄对志怪传统和传奇笔法，既有继承又有超越。《聊斋志异》虽然也写花妖狐魅的怪异题材，但为的是曲折反映社会现实，抒发自己内心"孤愤"，在内容的深广度上，都超过了以往的志怪、传奇。除了对唐代传奇情节的曲折、叙写委婉、文辞华丽等特点的继承，有又对其的超越，具体表现为从故事体到人物体，注重塑造形象；善用环境、心理等多种手法写人具有明显的诗化倾向。

其次，情节离奇曲折，富于变化。《聊斋志异》每叙一事，力避平铺

史传文学 我国历史文学的一部分。从文学的角度看，它是以历史事件为题材，重在描写历史人物形象的文学作品；从史学的角度看，它是通过运用文学艺术的手段，借历史事件与历史人物的描述，来表达一定历史观的历史著作。

■ 《聊斋志异》故事插画

■《聊斋志异》故事插画

直叙，尽量做到有起伏、有变化、有高潮、有余韵，一步一折，变化无穷；故事情节力避平淡无奇，尽量做到奇幻多姿，迷离惝恍，奇中有曲，曲中有奇。

曲是情节的复杂性，奇是情节的虚幻性，曲而不失自然，奇而不离真实，这是《聊斋志异》艺术力量之所在。如《促织》《王桂庵》《西湖主》《葛巾》《胭脂》等，都写得奇峰叠起，变幻无穷，极尽腾挪跌宕之能事。

最后，善用多种手法塑造个性鲜明的人物形象。蒲松龄所写鬼狐花妖，一方面赋予它们以人的社会性，另一方面又保持它们某种自然性，写得狐有狐形，鬼有鬼态，从而显得生趣盎然。这不仅使人物性格特点突出，而且使读者有鲜明的形象感受。

文言文 是我国古代的一种书面语言，主要包括以先秦时期的口语为基础而形成的书面语。文言文是相对白话文而来的，其特征是以文字为基础来写作，注重典故、骈骊对仗、音律工整且不使用标点，包含策、诗、词、曲、八股、骈文古文等多种文体。

蒲松龄刻画人物时，或通过人物的声容笑貌和内心活动，或通过生动、准确的细节，往往寥寥数笔，便能形神兼备。例如，小翠的顽皮、小谢的调皮、青凤的庄重、孙子楚的痴情，无不生动真实，给人留下深刻的印象。

蒲松龄还善用环境描写映衬人物。比如《婴宁》，处处用优美的自然环境来衬托人物：村外的"丛花杂讨"，门箭的丝柳垂荫，墙内的"桃杏、修竹"，门前的夹道红花，窗下的海棠繁叶，庭中的豆棚瓜架，使得人物与环境十分和谐，相得益彰。

此外，蒲松龄在语言的运用上，达到了炉火纯青的地步，它使文言语汇产生活力，生动活泼地表现了现实生活。

他不仅运用文言文的简练、典雅、精粹，同时还吸收了民间文学和群众口语乃至方言的精华，熔铸了小说特有的语言风格，从而塑造了具有鲜明个性的人物形象。

■《聊斋志异》故事插图

《聊斋志异》一问世就风行天下，翻刻本竞相问世，相继出现了注释本、评点本，成为小说中的畅销书。

特别是清代前半叶，出现了数目惊人的志怪小说。其中影响较大的有王士祯的《池北偶谈》、纪晓岚的《阅微草堂笔记》、袁枚的《子不语》《新齐谐》等，这些小说都是走的

《搜神记》和《聊斋志异》的"志怪"的路子。

《聊斋志异》开始外传东方国家的时间为18世纪下半叶，开始外传西方国家的时间为19世纪中期，而以传入日本的时间为最早。

《聊斋志异》青柯亭刊本刊后的第十八年，即1784年，就由海船运到日本，日本江户时代文学就

《聊斋志异》故事插图

受到了《聊斋志异》的影响，进入明治时期，在日本便出现了《聊斋志异》的翻译、改编和再创作等作品。自18世纪迄今，《聊斋志异》外文译本共有20多个语种。在我国古典文学作品中，《聊斋志异》是拥有外文翻译语种最多的一部小说。事实证明，许多外国人对《聊斋志异》的熟悉程度不亚于中国人。

阅读链接

蒲松龄曾在毕际友家做塾师。一日，毕际友邀请达官显贵来家赴宴，请蒲松龄作陪。蒲松龄从外面走进来时，在座各位看到他衣衫褴褛、其貌不扬，他们的傲慢、鄙夷之情溢于言表。

蒲松龄见状，并未吱声。酒过三巡，众食客吟诗作赋以助酒兴。轮到蒲松龄时，蒲松龄以"针"为题作诗一首："远看像条银，近看一根针。腚上只长一个眼，只认衣服不认人。"

众人听罢，一笑二想三脸红，愧疚之色写于脸上。

吴敬梓以古典讽刺小说著称

吴敬梓（1701年—1754年），字敏轩，号粒民，因家有"文木山房"，所以晚年自称"文木老人"，又因自家乡安徽全椒移至江苏南京秦淮河畔，故又称"秦淮寓客"。

是清代最伟大小说家之一。善诗文，尤以小说著称。一生创作大量的诗歌、散文和史学研究著作，有《文木山房诗文集》十二卷，今存四卷。不过，确立他在中国文学史上的杰出地位的，是他创作的长篇讽刺小说《儒林外史》。它是我国古典讽刺小说中杰出的作品。

■ 清代小说家吴敬梓铜像

■ 程晋芳 （1718年—1784年），名廷璜，字鱼门，号蕺园，歙县岑山渡人。清代经学家、诗人。著述甚丰，著有《蕺园诗》30卷、《勉和斋文》10卷等。

吴敬梓出生于一个很有钱的官僚地主家中。13岁丧母，14岁随父读书，群经诸史，几乎无所不读。18岁中秀才，是个少年得志的贵家公子。23岁时父亲因得罪上司而丢官回家，不久就病死了。

吴敬梓在他父亲丢官的前前后后，让他看清了世人的真面目，生活更为地放纵，挥金如土，遇贫即施，几十年间，便田产卖尽、奴仆逃散。族人乡邻都歧视他，嘲笑他，把他视为吴家的不肖子孙。

33岁那年，他怀着无限愤懑，移家南京。从此，鄙弃功名的思想更加增强了。贫困的生活使他的眼睛更明亮，使他的叛逆思想更强烈。他把自己的感情都倾注在笔端，写那些封建的文人。

可惜的是，穷困潦倒的生活过早地夺去了他的生命。他在完成《儒林外史》后不久就去世了。

《儒林外史》原本仅55回。根据程晋芳《怀人诗》可以证明，在吴敬梓49岁的时候已经脱稿。但是直到作者去世后10多年，才由金兆燕刊刻了出来。这个刻本，今已失传。现在通行的刻本是56回，其中最末一回乃后人伪作。

金兆燕 字钟越，一字棕亭，安徽全椒人，1766年中进士，官国子监博士。工诗词，尤精元人院曲。著有《棕亭古文钞》10卷，《骈体文钞》8卷，《诗钞》18卷，《词钞》7卷，总名《国子先生集》。

科举制度 科举是历代封建王朝通过考试选拔官吏的一种制度。由于采用分科取士的办法，所以叫科举。科举制从隋朝始行，到清朝光绪年为止，经历了1300多年，对隋唐以后我国的社会结构、政治制度、教育、人文思想，产生了深远的影响。

■ 吴敬梓所著《儒林外史》书籍

《儒林外史》约40万字。小说假托明代，实际反映的是康乾时期科举制度下读书人的功名和生活。

作者对生活在封建末世的百姓和科举制度下的封建文人群像的成功塑造，以及对礼教和腐败事态的生动描绘，使小说成为我国古代讽刺文学的典范，也使作者吴敬梓成为我国文学史上批判现实主义的杰出作家之一。

在结构上，吴敬梓根据亲身经历和生活经验，对百年知识分子的厄运进行思考，以此为线索把片断的叙述贯穿在一起，构成了《儒林外史》的整体结构。除"楔子"和结尾外，全书主体可分为3部分：

第一部分，自二回起至三十回止，主要描写科举制度下的文人图谱，以周进、范进、王德、王仁、严贡生、严监生等人为代表，暴露科举制度下文士的痴

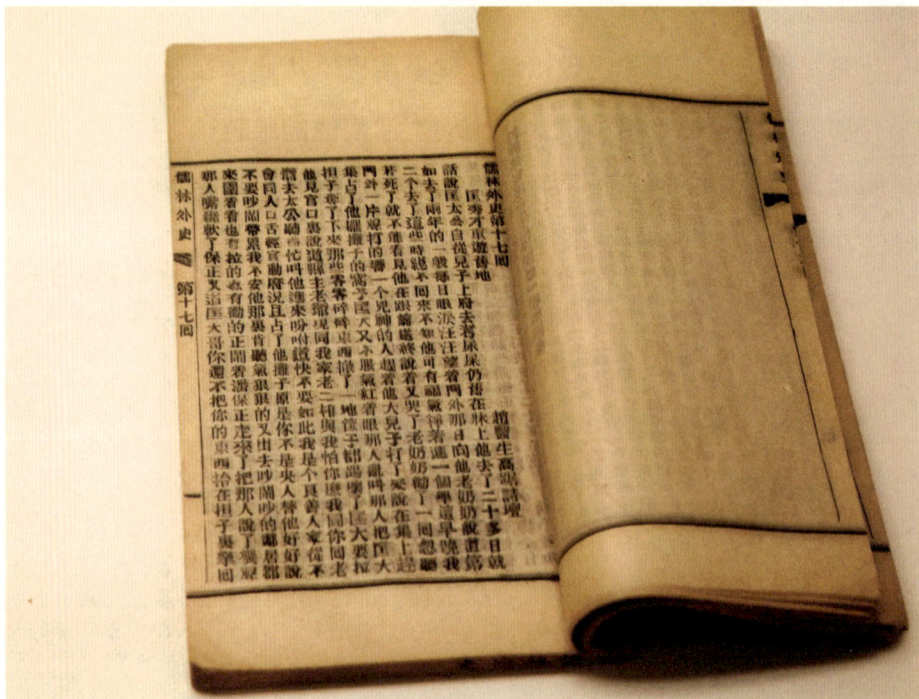

迷、愚昧和攀附权贵、附庸风雅，同时，展现了社会的腐败和堕落。

第二部分，自三十一回起到四十六回止，是对理想文士的探求。作者着重塑造了杜少卿、迟衡山、庄绍光、虞育德、萧云仙等真儒名贤的形象。

第三部分，自四十七回至五十六回止，描写真儒名贤理想的破灭，社会风气更加恶劣，一代不如一代，以致陈木南与汤由、汤实二公子在妓院谈论科场和名士风流了。

全书写了270多人，除士林中各色人物外，还把高人隐士、医卜星相，娼妓狎客、吏役里胥等三教九流的人物推上舞台。

这种结构，冲破了传统通俗小说靠紧张的情节互相勾连、前后推进的通常模式，按生活的原貌描绘生活，写出了生活本身的自然形态，写出了随处可见的日常生活，从而展示了一幅幅社会风俗画。

在塑造人物上，《儒林外史》塑造了下层人民真诚朴实的性格，感人至深。人物性格也摆脱了类型化，而有丰富的个性。

比如，严监生，他是个有十多万银子的财主，临死前却因为灯盏里点着两根灯草而不肯断气。然而他

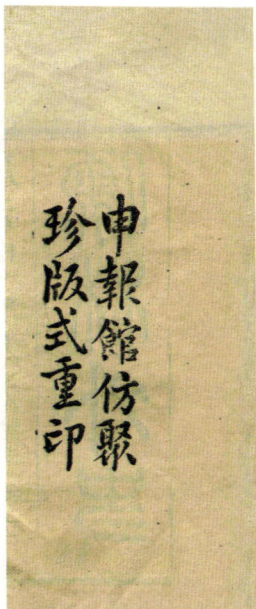

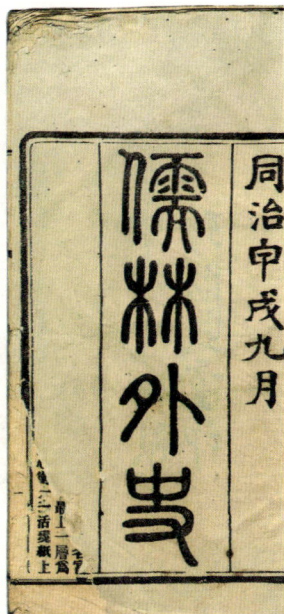

申報館仿聚珍版式重印

同治甲戌九月 儒林外史

■ 旧版《儒林外史》书籍

楔子 通常加在小说故事开始之前，起引起正文的作用，也可以作为正文铺垫的作用。如有些小说采用倒叙的写法，开头的结局就可以称作楔子。就是以甲事引出乙事之意。

《儒林外史》剧情插图

并不是吝啬这个概念的化身，而是一个活生生的人。他虽然悭吝成性，但又有"礼"有"节"，既要处处保护自己的利益，又要时时维护自己的面子。

所以，当他哥哥严贡生被人告发时，他拿出十多两银子平息官司；为了儿子能名正言顺地继承家产，不得不忍痛给妻兄几百两银子，让他们同意把妾扶正；妻子王氏去世时，料理后事竟花了五千银子，并常怀念王氏而潸然泪下。

一毛不拔与挥金如土，贪婪之欲与人间之情，就这样既矛盾又统一地表现出人物性格的丰富性。作者不但写出了人物性格的丰富性，而且写出了人物内心世界的复杂性。

《儒林外史》还善于在有限的情节里，体现出人物性格的非固定性，即性格的发展变化。如匡超人从朴实的青年到人品堕落，写出他随着环境、地位、人物之间关系而改变的性格，在他性格变化中又体现着深刻的社会生活的变动。

《儒林外史》掀掉了脸谱，代之以真实的细致的描写，揭示出人物的性格。如描写夏总甲：

两只红眼边，一副锅铁脸，几根黄胡子，歪戴着瓦楞帽，身上青布衣服就如油篓一般，手里拿着一根赶驴子的鞭子，走进门来，和众人一拱手，一屁股就坐在上席。

通过这一简洁的白描，夏总甲的身份、教养、性格跃然纸上。

在叙事上，《儒林外史》改变了传统小说中说书人的评述模式，采取了第三人称隐身人的客观观察的叙事方式，让读者直接与生活见面，大大缩短了小说形象与读者之间的距离。

作者尽量不对人物作评论，而是给读者提供了一个观察的角度，由人物形象自己呈现在读者面前。例如，在薛家集观音庵，让读者亲见亲闻申祥甫、夏总甲的颐指气使，摆"大人物"架势，骄人欺人，较少对人物作内心剖白，只是客观地提供人物的言谈举止，让读者自己去想象和体味。

又如作者只写"把周先生脸上羞得红一块白一块""昏头昏脑扫了一早晨"，并没有剖白周进内心活动，人们却可以想象到他当时的内心感受。

作者已经能够把叙事角度从叙述者转换为小说中的人物，通过不同人物的不同视角和心理感受，写出他们对客观世界的看法，大大丰

清代茶馆蜡像

■酒馆蜡像

富了小说的叙事角度。

在讽刺手法的运用上，《儒林外史》堪称一绝，将讽刺艺术发展到新的境界。《儒林外史》通过精确的白描，写出"常见""公然""不以为奇"的人事的矛盾、不和谐，显示其蕴含的意义。

例如，严贡生正在范进和张静斋面前吹嘘："小弟只是一个为人率真，在乡里之间从不晓得占人寸丝半粟的便宜。"

言犹未了，一个小厮进来说："早上关的那口猪，那人来讨了，在家里吵哩！"通过言行的不一，揭示严贡生欺诈无赖的行径。

《儒林外史》通过不和谐的人和事进行婉曲而又锋利的讽刺。五河县盐商送老太太入节孝祠，张灯结彩，鼓乐喧天，满街是仕宦人家的牌仗，满堂有知县、学师等官员设祭，庄严肃穆。

但盐商方老六却和一个卖花牙婆伏在栏杆上看执事，"权牙婆一手扶着栏杆，一手拉开裤腰捉虱子，捉着，一个一个往嘴里送"。把崇高、庄严与滑稽、轻佻组合在一起，化崇高、庄严为滑稽可笑。

　　吴敬梓能够真实地展示出讽刺对象中悲喜交织的二重结构，显示出滑稽的现实背后隐藏着的悲剧性内蕴，从而给读者以双重的审美感受，也使讽刺具有巨大的文化容量和社会意义。

　　在思想上，吴敬梓在《儒林外史》中寄托了他的社会改造理想。如主张以"礼乐兵农"的实学取代空谈性理的理学，以"经世致用"的学问取代僵化无用的科举时文，等等。在探求理想的同时，吴敬梓对封建文化作了进一步的反思，其批判的锋芒指向封建礼教和社会习俗。

　　作者既看到社会改造理想的难以实现，又不忍放弃对社会理想和完美人格的追求。他又把目光转向社会的底层，写出一群远离科举名利场，不受功名富贵污染的市井平民的形象。

　　修乐器的倪老爹，看坟的邹吉甫，开小米店的卜老爹，开小香蜡店的牛老儿，等等，他们朴实善良，相濡以沫，古风犹存，充满人间

清代人物蜡像

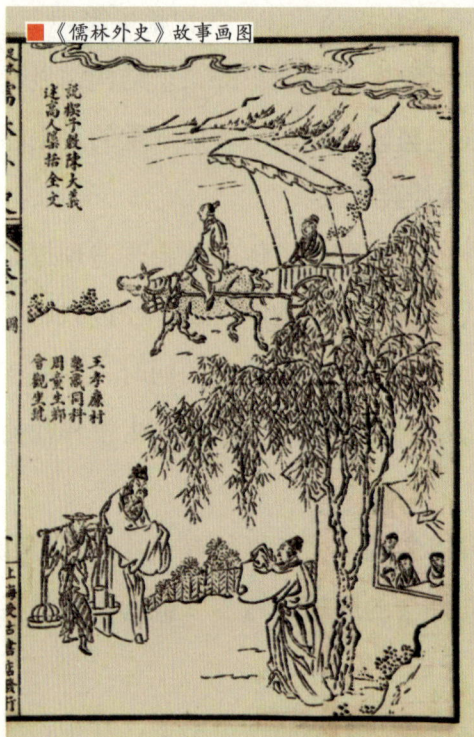
《儒林外史》故事画图

真情的温馨。

《儒林外史》是我国文学史上一部伟大的现实主义的章回体长篇讽刺小说，对清朝时期的小说产生了很大影响，对鞭笞社会不公，提升人民自主思想，有一定意义。同时，对现代讽刺文学也有深刻的启迪。胡适认为，后来的晚清谴责小说，如《二十年目睹之怪现状》《官场现形记》《老残游记》《孽海花》以及《海上花列传》，都是继承《儒林外史》的余绪。

《儒林外史》已被翻译成英、法、德、俄、日、意等国家的文字。可成为全世界了解我国科举制度的一部活的生动的参考。

阅读链接

有一天，吴敬梓正在茶馆里喝茶，全椒城里几个有名的花花公子也来了。他们一瞧吴敬梓这副"寒酸"样，就你一言我一语地奚落起来。

吴敬梓不慌不忙地端起面前那把茶壶，先是端详、抚弄了一番，然后旁若无人地赋起一首诗来："嘴尖肚大柄儿高，壶水未满先晃摇。量小不能容大佛，半寸黄水起波涛。"

寥寥数语，尖锐、辛辣地嘲讽了这伙道貌岸然、不学无术的公子哥们。诗毕，吴敬梓昂然起身，拂袖而去。花花公子们一个个都变成了"哑巴"。

刘鹗叙景状物取得独特成就

刘鹗（1857年—1909年），谱名震远，原名孟鹏，字云抟、公约，后更名鹗，字铁云，又字公约，号老残，署名"鸿都百炼生"。生于江苏丹徒，即今镇江市。清末小说家。

刘鹗终生主张以"教养"为大纲，发展经济生产，富而后教，养民为本的太谷学说。

他所著《老残游记》是他的代表作。流传甚广，是清末谴责小说代表作之一，在艺术上被鲁迅称赞为"叙景状物，时有可观"。

■太谷学派刘鹗画像

文坛泰斗

文学大家与传世经典

■ 清代中医把脉

晚清四大谴责小说 鲁迅认为的晚清四大谴责小说是我国清末4部谴责小说的合称。李宝嘉，即李伯元的《官场现形记》、吴沃尧，即吴趼人的《二十年目睹之怪现状》、刘鹗的《老残游记》和曾朴的《孽海花》。

刘鹗出身于封建官僚家庭，从小得名师传授学业。他学识博杂，精于考古，并在算学、医道、治河等方面均有出类拔萃的成就，被海内外学者誉为小说家、诗人、哲学家、音乐家、医生、企业家、数学家、藏书家、古董收藏家、水利专家和慈善家。

他涉猎众多领域，著述颇丰，为我们留下了丰富的文化遗产。所著《老残游记》白话长篇小说，备受世人赞誉，是"晚清四大谴责小说"之一。

《老残游记》写一个被人称为"老残"的江湖医生铁英在游历中的见闻和作为。老残是作品中体现作者思想的正面人物。他"摇个串铃"浪迹江湖，以行医糊口，自甘淡泊，不入宦途。但是他关心国家和民族的命运，同情人民群众所遭受的痛苦，是非分明，而且侠胆义肠，尽其所能，解救一些人民疾苦。

随着老残的足迹所至，可以清晰地看到清末山东一带社会生活的面貌。在这块风光如画、景色迷人的土地上，正发生着一系列惊心动魄的事件。封建官吏大逞淫威，肆意虐害百姓，造起一座活地狱。

《老残游记》的突出处是揭露了过去文学作品中很少揭露的"清官"暴政。刘鹗笔下的"清官"，其实是一些急于要做大官而不惜杀民邀功，用人血染红顶子的刽子手。

玉贤是以"才能功绩卓著"而补曹州知府的。在署理曹州府不到一年的时间内，衙门前12个站笼便站死了2000多人，九分半是良民。"杀民如杀贼，太守是元戎"，深刻地揭示了他们的本质。

《老残游记》还揭露了貌似贤良的昏官。山东巡抚张宫保，表面上是个"礼贤下士"的大员，但事实上却很昏庸。他不辨属吏的善恶贤愚，也判断不出谋议的正确与错误。

他的爱才美德，却给山东百姓带来了一系列的灾难。"办盗能吏"玉贤是他赏识的，刚弼也是他倚重的，更为严重的是他竟错误地采用了史钧甫的治河建议，废济阳以下民埝，退守大堤，致使两岸十几万生灵遭受涂炭。

元戎 军队的主将或统帅。刘鹗所说"杀民如杀贼，太守是元戎"，实际上是指代那些贪官污吏，他们掌握权力，实施灭绝人性的残酷的暴政，让人民苦不堪言。

■《老残游记》的手稿

■ 毓贤 （1842年—1901年），字佐臣，是清朝末年著名的酷吏和极端排外人士。内务府汉军正黄旗，捐监生，纳贽为同知府。他与刚毅的恶行都因为刘鹗的《老残游记》而记载在历史中，他们都是"清官若自以为是、危害比贪污严重"的代表。

《老残游记》中所写的人物和事件有些是实有其人、实有其事的。如玉贤指毓贤，姚云松为姚松云，王子谨为王子展，申东造为杜秉国，柳小惠为杨少和，等等，或载其事而更其姓名，又或存姓改名、存名更姓。正如作者所自言：

野史者，补正史之缺也。名可托诸子虚，事须征诸实在。

刘鹗还曾写有《老残游记》续集，作于1905年至1907年之间。据刘大绅说，共有14回，今残存9回。1934年在《人间世》半月刊上发表4回，次年良友图书公司出版6回的单行本。

1962年中华书局出版的《老残游记资料》中收录了后3回。续集前6回，虽然也有对官僚子弟肆意蹂躏妇女恶行的揭露，但主要的是通过泰山斗姥宫尼姑逸云的恋爱故事及其内心深入细致的思想活动，以及赤龙子的言谈行径，宣传了体真悟道的妙理。后3回则是描写老残游地狱，以寓其惩恶劝善之旨。此外还残

刘大绅（1747年—1828年），字寄庵，祖籍江西临川，生于云南省华宁县。刘大绅是清代一位学识渊博的学者，他是那个时代的名宦，更是一代名师。滇中一些学者、文化名流，很多人都出自他的门下。

存《外编》4700余字，写于1905年以后。

《老残游记》的艺术成就在晚清小说里是比较突出的。特别在语言运用方面更有其独特成就。如在写景方面能做到自然逼真，有鲜明的色彩。

书中千佛山的景致，桃花山的月夜，都给人以明净、清新之感。

在写王小玉唱大鼓时，作者更运用烘托手法和一连串生动而贴切的比喻，绘声绘色地描摹出来，也给人以身临其境的感觉。所以鲁迅在《中国小说史略》中称赞它"叙景状物，时有可观"。

■ 刘鹗书法

刘鹗博学多才，是个有名的"杂家"。尤其在甲骨学资料的保存和整理方面，曾做出过很大贡献。1899年，时任国子监祭酒的王鹤荣在药方中发现了有字的"龙骨"，大加搜集。

1900年8月，八国联军兵临城下，国欲破而家不存，王鹤荣"义不可苟生"，服毒坠井而殁。他所藏甲骨，多为好友刘鹗保存。

刘鹗承其遗志，使所藏骨片增至5000余片，并于1903年拓印《铁云藏龟》，将有关甲骨文资料公开出版，由此开启了一门独特学科——甲骨学。

李宝嘉著成谴责小说代表作

李宝嘉（1867年—1906年），又名宝凯，字伯元，别号南亭亭长，笔名游戏主人、讴歌变俗人等。江苏常州人。晚清小说家。

李宝嘉构思之敏，写作之快，是极为少见的。他先后写成《文明小史》《活地狱》《李莲英》《海上繁华梦》《南亭笔记》《滑稽丛话》等书十多种。其中《官场现形记》更是"晚清四大谴责小说"中的代表作。

■晚清小说家李宝嘉画像

李宝嘉3岁丧父，随母亲与堂伯父李翼清一家合住。李翼清在山东历任知县、同知、知府等职。李宝嘉受堂伯父抚养教育，擅长八股诗赋，能书画篆刻，多才多艺。

1892年，李翼清辞官归籍，李宝嘉一家也跟从由山东返回了常州。乡居期间，李宝嘉曾从传教士学习英文，并考中秀才。

1896年，李宝嘉到上海，先编撰《指南报》，次年创办《游戏报》，并设"文社"。这些报纸是我国小报的鼻祖，它虽然说勾栏，谈风月，载社会新闻，但也嘲骂腐朽的官僚买办，暴露社会种种黑暗，为创作谴责小说积累了丰富的素材。

《官场现形记》共60回，最初于《世界繁华报》上连载，内容是暴露晚清官场的腐败。世界繁华报馆在连载的过程中，又分5编，每编12回，陆续刊印了单行本。

《官场现形记》在思想内容上，以晚清官场为表现对象，集中描写封建社会崩溃时期旧官场的种种腐败、黑暗和丑恶的情形。

这里既有军机大臣、总督巡抚、提督道台，也有知县典吏、管带佐杂，他们或龌龊卑鄙或昏聩糊涂或

■ 旧版《官场现形记》

八股 也称时文、制艺、制义、四书文等，是我国明清两代考试制度所规定的一种特殊文体。八股文专讲形式、没有主要内容，文章的每个段落都死守在固定的格式里面，连字数都有一定的限制，人们只是按照题目的字义敷衍成文。

■ 清时期官员蜡像

腐败堕落，构成一幅清末官僚的百丑图。写的多是实有人物，只是改易姓名而已，这确是不假。

胡适曾在为此书作的序言中论说过这种情况：

> 就大体上说，我们不能不承认这部《官场现形记》里大部分的材料可以代表当日官场的实在情形。那些有名姓可考的，如华中堂之为荣禄，黑大叔之为李莲英，都是历史上的人物，不用说了。
>
> 那无数无名的小官，从钱典史到黄二麻子，从那做贼的鲁总爷到那把女儿献媚上司的冒得官，也都不能说是完全虚构的人物。

胡适对《官场现形记》做过较深入的研究和考据，他的话无疑是有根据的。

捐例 清代朝廷纳资捐官的规例。分暂行事例及现行常例两种。《清史稿·选举志七》："捐例不外拯荒、河工、军需三者，曰暂行事例，期满或事竣即停，而现行事例则否……大抵贡监、衔封、加级、纪录无关铨政者，属现行事例。"

当然，小说中的某个有名有姓的人物实际上也未必完全是影射某一个人，而可能是包括这一个在内的几个实有人物的集合。比如，小说中的华中堂，可能主要指的是荣禄，但也可能包括了其他某些官僚。

书中那一群胸无点墨的酒囊饭袋：刘大侉子、黄三溜子、田小辫子、唐二乱子等，更是晚清官场特产的一宗活宝，捐例大开的必然产物，钱虏市侩，袍笏登场，官场的文化品位也荡然无存了。

综观全书，人性的堕落与异化到了触目惊心的地步。其实它所写的不是个别的贪官污吏，而是整个政治体制的腐朽，无官不贪，无吏不污，卖官鬻缺、贪赃纳贿已成为官场的运行机制。

在写作手法上，《官场现形记》采用若干相对独立的短篇故事蝉联而下的结构方式，虽不免于松散枝蔓，然亦适应敏锐地反映广阔的社会人生的需要。白描传神，是其所长。如胡统领严州剿匪数回，布局精巧，错落有致，人物映带成趣。

作家尤擅长于渲染细节，运以颊上添毫之笔，有入木三分之妙。第四十三至四十五回，写佐杂太爷的酸甜苦辣，极尽揶揄之能事。"跌茶碗初次上台盘"是一幕精心设计的人间喜剧，通过跌茶碗这一细节，将小人物受宠若惊的扭曲

■ 荣禄（1836年—1903年），字仲华，号略园，瓜尔佳氏，满洲正白旗。清末大臣，晚清政治家。官至总理衙门大臣、兵部尚书、总管内务府大臣。谥"文忠"。编有《武毅公事略》，著有《荣文忠公集》《荣禄存札》。

近世时期

小说巨匠

《官场现形记》剧作蜡像

心态，描摹尽致。

小说还充分运用了夸张、漫画化的闹剧手法，尤喜撕破人生的假面。如浙江巡抚博理堂，自命崇尚理学，讲究"慎独"功夫，却偏有"叩辕门荡妇觅情郎"一幕好戏。

《官场现形记》是我国第一部在报刊上连载、直面社会而取得轰动效应的长篇章回小说，也是谴责小说的代表作，首开近代小说批判社会现实的风气。另外，它是一部优秀的谴责小说，具有诙谐讽刺的现实主义特色。

全书从中举捐官的下层士子赵温和佐杂小官钱典史写起，连缀串起清政府的州府长吏、省级藩台、钦差大臣以至军机、中堂等形形色色的官僚，揭露他们为升官而逢迎钻营，蒙混倾轧。可以说，《官场现形记》为近代中国腐朽丑陋的官场勾勒出了一幅历史画卷。

文坛泰斗

文学大家与传世经典

阅读链接

李宝嘉在上海办报时，住在劳合路，即今六合路，那里妓院林立，流莺云集。他特意在大门上贴了一副对联：老骥伏枥，流莺比邻。

在这样的环境下，李宝嘉亲眼目睹了许多腐败官员的风月之事，也搜集了许多相关的实事逸闻，于是，开始撰写《官场现形记》。但此时的李宝嘉的生活并不景气，常常负债。

有一年除夕，讨债人接踵而来，他只得跑到一个茶馆躲避。工作的繁重和生活的困顿使他患了最重的肺病，最后因肺病恶化在上海逝世，年仅40岁。

吴趼人写成影响深远的小说

吴趼人（1867年—1910年），原名沃尧，字小允，又字茧人，佛山人，笔名有茧叟、野史氏等，尤以"我佛山人"最为著名。生于清代广东南海，即现在的广州。清末著名小说家。

他活跃在清代的文学时期，代表作品有《二十年目睹之怪现状》《痛史》和《九命奇冤》等。其中著名的《二十年目睹之怪现状》轰动一时，影响深远，是"晚清四大谴责小说"代表作之一。

■ 清代文学家吴趼人像

■ 清朝官吏蜡像

经济特科 是清末新政特设的科举制科。该科本是戊戌变法时，由贵州学政严修为破格求才仿乾隆年间的博学鸿词科而设的。变法失败后废除。考试的目的，在于以新政欺骗人民，昭然若揭。不过，从其设立源起看，则反映了变法维新的一种改良主张。

吴趼人曾祖父吴荣光官至湖广总督，祖父、父亲均为小官吏。他18岁时离家到上海，先在茶馆做伙计，又至江南制造局做抄写工作，月薪也很微薄。1897年，吴趼人开始在上海创办小报，先后主持《字林沪报》《采风报》《奇新报》《寓言报》等。

吴趼人生性幽默，常常一言既出，四座倾倒，又狂放不羁，每于酒后论天下事，慷慨激昂，不可一世。一次他从书坊上得到半部《归有光文集》，爱不释手，由此萌发了创作小说的冲动。

因他性格耿介，不愿与权贵交往，曾拒绝清政府经济特科的考试，绝意仕途，只能靠卖文所得度日。吴趼人一生清贫，常常囊中羞涩，由于生活贫困，工作劳累，1910年在上海逝世，年仅45岁。

《二十年目睹之怪现状》是吴趼人的一部带有自传性质的作品。作品写主人公"九死一生"，初入社会见到的便是贼扮官、官做贼的怪事，从而隐括了初刊本评语"官场皆强盗"的黑暗现实。

贯串全书的反面人物苟才，是小说刻意塑造的清末无耻官僚的典型。他出身捐班，无学无识，只是善于谄媚、行贿、不知廉耻，甚至不惜逼迫自己新寡的儿媳嫁给两江总督做五姨太太，以求飞黄腾达。

他两次丢官，一次被新任总督参革，一次被朝廷钦差大臣查办，但都用巨额贿赂，东山再起。这说明他是清末整个腐朽官僚机构的产物。

书中所写正直的士子官吏，大都无立足之地。如知县陈仲眉虽然颇有才学，精明能干，但不会逢迎，又无钱行贿，结果长期得不到差事，潦倒一生，最后自缢身死，遗下寡妻幼子。爱民如子的蔡侣笙也终于被革职严追。这是对清末官场的本质的揭露。

此外，作品描写商界生活，有意把经商与做官对立起来。九死一生坚决不愿进入官场，而走经商的道路，认为商场虽也有诸多怪现状，但比官场干净。作者一反封建传统的鄙商态度，表现了作者对腐朽政治的激愤，也反映了思想领域的新变化。

《二十年目睹之怪现状》在艺术上有其特色。从架构上看，作者采用的屏风式的结构艺术，以九死一生的经历为线索，把一个个人物的经历，一个个事

近世时期

小说巨匠

捐班 清朝官吏凡由科举出身的人都称正途，由捐纳财物得官的人称捐班。鲁迅《准风月谈·各种捐班》："清朝的中叶，要做官可以捐，叫作'捐班'的便是这一伙。"

■ 清朝钦差大臣蜡像

件的过程叙述出来，这经历，这过程，犹如一扇扇屏风，有长有短，有一回的，有几回的，尽管着墨不均，但刻画出一个个丑陋的鬼脸：苟观察致敬送嘉宾、彻底寻根表明骗子、诗翁画客狼狈为奸、烽烟渺渺兵舰先沉、老捕役潜身拿枭休、露关节同考装疯、告卖缺县丞难总督、内外吏胥神奸狙猾、巧蒙蔽到处有机谋、老叔祖娓娓讲箴等。

这些屏风个个是独立成篇，又丝丝缠绕、牵制、互为因果，并用九死一生的经历作为枢纽，十分具有线索地连接起来，给读者一种浑然一体的感觉。

在人物的塑造上，吴趼人所塑造的几位比较成功的典型人物给人留下了较深的印象。苟才形象的塑造成功，表明濒临灭亡的封建统治阶级道德败坏，精神堕落。以吴继之为首的人物或豁达、大度、精明，或颖悟、执著，或侠义、正直、清廉，在作品中可以借助他的语言和行动表现出来。

除了《二十年目睹之怪现状》以外，吴趼人的三部写情小说《恨海》《劫馀灰》《情变》，也曾在小说史上产生过比较重要的影响。前

■清代市井人物图

清朝官吏像

二者开创了20世纪初的哀情小说、苦情小说之先河，并确立了"发乎情，止乎礼义"的写情规范；后者着重写"痴"、写"魔"，开孽情小说一路。

《二十年目睹之怪现状》发表时，正值反封建的民主革命以反清的形式在社会上出现，因此引起强烈的反响，但由于政治观点的改变，作者没有将它写完。即使如此，阿英的《晚清小说史》还是将它看作"晚清的讲史"小说中"最好的一部"。

阅读链接

吴趼人留下了大量的趣闻逸事。一日，有某小报误将"山人"与"我佛"二字连缀成文，登于报上。吴趼人看后，第二天挥笔回复："我系佛山之人，故曰我佛山人，何得竟施腰斩之罪，将'佛山'两字断成两截？佛说未免罪过。"

他早年患有哮喘，后来哮喘加重，家境陷于窘难。一次写信给一位朋友告贷，捡了一只七孔八烂的破袜子，附在信里，信笺上写了八个字："袜犹如此，人何以堪。"

朋友收信后，了解他的窘境，立即解囊相助。

159
近世时期
小说巨匠

曾朴所著小说文采斐然

曾朴（1872年—1935年），谱名为朴华，初字太朴，改字孟朴，又字小木、籀斋，号铭珊，笔名东亚病夫。江苏常熟人，清末民初小说家，出版家。

所著长篇小说《孽海花》是近代小说中思想和艺术成就都比较高的一部。鲁迅在《中国小说史略》中称它"结构工巧，文采斐然"，把它列为"晚清四大谴责小说"之一。

曾朴自幼笃好文学，养成了对文学的浓厚兴趣。他曾在北京同文馆特班学习过法文。1898年在上海结识曾经在法国侨居多年的陈季同。

在陈季同的指点下，曾朴三四年内集中阅读了大量的法国文学作品和文学批评论著，他并阅读了许多法译的西欧各国文学名著，自云"因此发了文学狂"。

1904年，曾朴与徐念慈等人创办小说林社，大量发行译、著小说以鼓荡新风气，其中也包括金松岑等编著的鼓吹民族革命思想的作品。继又发行《小说林》杂志。

在这一时期内，曾朴继金松岑原作续撰《孽海花》，他鼓吹民族革命与民主革命的思想也由此开始萌发滋长，并在《孽海花》中体现出来。

《孽海花》的始作者为金松岑，先写了6回。1903年，在中国留日学生所办革命刊物《江苏》月刊第八期上发表了第一回和第二回。后将原稿寄给曾朴所办小说林书社。

曾朴看后，认为是一个好题材，对小说写法提出一些意见。金松岑遂与曾朴共同酌定全书60回的回目，改由曾朴续写并最后完成。

《孽海花》揭露了帝国主义的侵略野心，清政府

■ 清代官员蜡像

《小说林》是晚清时期有着重大影响的小说杂志，它对我国近现代翻译小说和小说理论产生了很大的影响。1907年在上海创刊。主编为黄摩西。曾朴、吴梅、包天笑等为主要撰稿人。该刊宗旨为"输进欧美文学精神，提高小说在文学上的地位"。内容有图画、论说、小说、戏曲、杂著等，编译小说较多。

■ 清代官员出行图

洋务运动 又称自强运动，是指1861年至1894年，清朝政府内洋务派如曾国藩、李鸿章、张之洞等在全国各地掀起的改良运动。主张利用官督商办、官商合办等方式发展新型工业，创办安庆内军械所，江南制造总局，等等。

的无能与腐败，封建士大夫的昏庸与堕落。全书写了200多个人物，从最高统治者慈禧、光绪，到官场文苑达官名士，到下层社会的妓女、小厮，涉及朝廷宫闱、官僚客厅、名园文场、烟花妓院直至德国的交际场、俄国虚无党革命等，反映的社会生活面相当广。

《孽海花》一书体现了作者鲜明的思想倾向。曾朴是居高临下，观察清政府内外处境，反映30年来我国的政局。

他愤然指出："朝中歌舞升平，而海外失地失藩，频年相属。日本灭了琉球，法国取了安南，美国收了缅甸，中国一切不问，还要铺张扬厉，摆出天朝空架子。"这一番概括，基本上道出了末代王朝空虚颓败的局势。

《孽海花》具体描绘了在列强环伺不断侵凌下的清政府10年两败，上层士大夫的崇尚空谈、醉生梦死，为日趋崩溃的危局提供了惊心动魄的验证。

在述说政潮变化消长方面，凡洋务运动从兴起到失败，改良主义崛起，资产阶级革命派初露头角，在小说里均有了比较清晰的反映。

《孽海花》是第一部以同情态度来描写民主革命与民族革命的作品。曾朴精辟地提醒大家正视我国的现状，"看着茫茫禹甸，是君主的世产，赫赫轩孙，是君主的奴仆"，并表示痛恨这个"专制政体"。

书中还塑造了孙中山、陈千秋等革命者形象，热情歌颂了他们的活动，这在晚清谴责小说中实是个大胆的创举。如此等等，实是其他3部谴责小说所不及的。

曾朴的视野极其广阔，使这部小说的情节超越了我国现实社会的领域，描写了德国、俄国和日本的政治生活，尤其是以热情赞颂的态度述说了日本革命者和俄国虚无党革命运动的一些章节。

小说中也出现了伟大的俄罗斯作家赫尔岑、车尔尼雪夫斯基、托尔斯泰的名字，并且述说了他们与俄国初期革命运动的关系。如此广博的见闻和精锐的眼光，且在当时小说家中实为罕见，极显惊人的胆识。

曾朴描写达官名士，不同于刘鹗、李宝嘉和吴趼人，他并不着眼于描写其凶残或贪鄙，而是着重刻画他们精神颓废的要害。曾朴描绘的多是貌

■ 晚清建筑

似方正的人物，有些更是敢于直谏的"清流"人物，但他们或崇尚空谈，或师心自用，或沉溺考据，或癖嗜古董，或自命风雅，其实是迂腐自守、不学无术、矫揉造作之徒。这些人置国运民瘼于不顾，醉生梦死，佯狂玩世。曾朴入木三分地描摹出这群人物的精神世界，也就映现出了末代王朝崩溃前夜的图景。

《孽海花》是一部当之无愧的文学名著。它的出版，曾于20世纪初期的文坛引起轰动，在不长的时间里，先后再版10余次，行销10万部左右，独创纪录。

专家的评论亦颇为热烈，著名小说研究专家蒋瑞藻在《小说枝谈》中转引《负暄琐语》的评论说：

近年新撰小说风起云涌，无虑千百种，固自不乏佳构。而才情纵逸，寓意深远者，以《孽海花》为巨擘。

鲁迅也有很高的评价，一部小说不仅引起一般读者的广泛兴趣，以至一版再版，并且招来诸多文化名人评头品足，这是不多见的。

文学大家与传世经典

阅读链接

曾朴晚年十分认真地研究莳弄花草的学问，买了不少有关花卉的书籍，到处选购各种名贵的品种，认真地研究和考据。

他带领花匠搭起花架、花棚，耕耘、施肥和剪枝，常常不及洗手就来到餐桌前，一边吃饭一边阅读有关书籍，往往忘记添饭，直至一旁的仆人告知添饭，才应声将饭碗交给仆人。

每天下午或晚上，他就将一天种花和阅读的心得写在日记上或写成专门的文章。在他最后几年的日记中，有许多关于花卉的内容。